Bapa-Ku Akan Memberikan Kepadamu Dalam Nama-Ku

Dr. Jaerock Lee

*"Aku berkata kepadamu:
Sesungguhnya segala sesuatu yang kamu minta kepada Bapa,
akan diberikan-Nya kepadamu dalam nama-Ku.
Sampai sekarang kamu belum meminta sesuatupun dalam nama-Ku;
mintalah maka kamu akan menerima,
supaya penuhlah sukacitamu."*
(Yohanes 16:23-24)

Bapa-Ku Akan Memberikan Kepadamu Dalam Nama-Ku oleh Dr. Jaerock Lee
Diterbitkan oleh Urim Books (Perwakilan: Kyungtae Noh)
73, Yeouidaebang-ro 22-gil, Dongjak-Gu, Seoul, Korea
www.urimbooks.com

Semua Hak dilindungi oleh UU Buku ini atau bagian dari isinya tidak boleh diproduksi ulang dalam bentuk apapun, disimpan dalam sistem penarikan, atau disebarkan dalam bentuk apapun atau secara elektronik, mekanik, fotokopi, rekaman atau lainnya, tanpa meminta ijin sebelumnya dari penerbit.

Hak Cipta © 2017 oleh Dr. Jaerock Lee
ISBN: 979-11-263-0357-1   03230
Hak Cipta Terjemahan © 2010 oleh Dr. Esther K. Chung. Digunakan dengan izin.

Sebelumnya diterbitkan ke dalam bahasa Korea oleh Urim Books tahun 1990

Diterbitkan pertama kali pada bulan September 2017

Diedit oleh Dr. Geumsun Vin
Dirancang oleh Biro Editorial Urim Books
Dicetak oleh Perusahaan Percetakan Prione
Untuk keterangan lebih lanjut silakan mengunjungi: urimbook@hotmail.com

Pesan Tentang Penerbitan

"Aku berkata kepadamu:
Sesungguhnya segala sesuatu yang kamu minta kepada Bapa,
akan diberikan-Nya kepadamu dalam nama-Ku"
(Yohanes 16:23).

Kekristenan adalah iman dimana manusia bertemu dengan Allah yang hidup dan mengalami pekerjaan-Nya melalui Yesus Kristus. Karena Allah adalah Allah Mahakuasa yang menciptakan langit dan bumi dan memerintah sejarah alam semesta sebagaimana juga kehidupan, kematian, kutuk, dan berkat manusia, Ia menjawab doa anak-anak-Nya dan ingin agar mereka menjalani hidup yang diberkati sesuai dengan anak-anak Allah.

Siapa saja yang merupakan anak sejati Allah memiliki autoritas pada dirinya yang berhak ia miliki sebagai anak Allah. Dengan autoritas ini, ia akan memiliki kehidupan dimana segala sesuatu adalah mungkin, menemukan bahwa ia tidak kekurangan apa pun, dan menikmati berkat tanpa mengakibatkan iri hati atau kecemburuan terhadap orang lain. Dengan menjalani kehidupan yang berlimpah dengan kemakmuran, kekuatan, dan keberhasilan, ia harus memuliakan Allah melalui hidupnya.

Untuk dapat menikmati hidup yang diberkati sedemikian, manusia harus memahami sepenuhnya hukum alam rohani tentang jawaban-jawaban Allah dan menerima segala sesuatu yang ia minta kepada Allah dalam nama Yesus Kristus.

Tulisan ini adalah kumpulan pesan-pesan yang dulu pernah dikhotbahkan kepada semua orang percaya, terutama yang tanpa keraguan percaya kepada Allah Yang Mahakuasa dan rindu memiliki hidup yang dipenuhi dengan jawaban-jawaban Allah.

Semoga buku *Bapa-Ku Akan Memberikan Kepadamu Dalam Nama-Ku* ini dapat menjadi panduan yang membawa semua pembaca untuk menyadari hukum alam rohani tentang jawaban-jawaban Allah dan membuat mereka menerima segala sesuatu yang mereka minta dalam doa, di dalam nama Tuhan Yesus Kristus saya berdoa!

Saya memberikan segala syukur dan kemuliaan bagi Allah kaena membuat buku ini membawa firman-Nya yang berharga untuk diterbitkan dan mengungkapkan rasa terima-kasih tulus saya kepada semua orang yang telah bekerja keras untuk usaha ini.

Jaerock Lee

Daftar Isi

Bapa-Ku Akan Memberikan Kepadamu Dalam Nama-Ku

Pesan Tentang Penerbitan

Bab 1
Cara-Cara Untuk Menerima Jawaban Allah   1

Bab 2
Kita Masih Perlu Meminta Kepada-Nya   15

Bab 3
Hukum Rohani Mengenai Jawaban Allah   25

Bab 4
Hancurkan Dinding Dosa   39

Bab 5
Engkau Akan Menuai Apa yang Kautabur   53

Bab 6
Elia Menerima Jawaban Allah Lewat Api   69

Bab 7
Bagaimana Caranya Mendapatkan Keinginan Hatimu   81

Bab 1

Cara-Cara Untuk Menerima Jawaban Allah

"Anak-anakku, marilah
kita mengasihi bukan dengan perkataan atau dengan lidah,
tetapi dengan perbuatan dan dalam kebenaran.
Demikianlah kita ketahui, bahwa kita berasal dari kebenaran.
Demikian pula kita boleh menenangkan hati kita di hadapan
Allah, sebab jika kita dituduh olehnya,
Allah adalah lebih besar dari pada hati
kita serta mengetahui segala sesuatu.
Saudara-saudaraku yang kekasih,
jikalau hati kita tidak menuduh kita,
maka kita mempunyai keberanian percaya untuk mendekati Allah,
dan apa saja yang kita minta, kita memperolehnya dari pada-Nya,
karena kita menuruti segala perintah-Nya
dan berbuat apa yang berkenan kepada-Nya."

1 Yohanes 3:18-22

Salah satu sumber sukacita bagi anak-anak Allah adalah fakta bahwa Allah Yang Mahakuasa hidup, menjawab doa-doa mereka, dan dalam segala sesuatu bekerja untuk membawa kebaikan bagi mereka. Orang yang percaya pada fakta ini berdoa dengan tekun sehingga mereka dapat menerima apa saja yang mereka minta dari Allah dan memuliakan Allah dengan dengan hati yang bersyukur.

1 Yohanes 5:14-15 berkata, *"Ini adalah keberanian percaya kita kepada-Nya yaitu bahwa, jika kita meminta sesuatu menurut kehendak-Nya, Ia akan mengabulkannya."* Ayat ini mengingatkan kita bahwa apabila kita meminta sesuai dengan kehendak Allah, kita akan memiliki hak untuk menerima apa pun dari-Nya. Tak peduli sejahat apa orangtua, apabila anaknya meminta roti ia tidak akan memberinya batu, dan apabila anaknya meminta ikan ia tidak akan memberinya ular. Kemudian, apa yang bisa mencegah Allah memberikan karunia-karunia yang baik saat mereka meminta kepada Allah?

Ketika perempuan Kanaan dalam Matius 15:21-28 datang ke hadapan Yesus, ia tidak hanya menerima jawaban-jawaban atas doanya tapi keinginan hatinya juga terpenuhi. Sekalipun anak perempuannya kerasukan setan dan sangat menderita, perempuan itu meminta Yesus untuk menyembuhkan anak perempuannya karena ia percaya bahwa tidak ada yang mustahil bagi orang yang percaya. Menurut Anda apa yang dilakukan Yesus bagi perempuan bukan Yahudi ini yang meminta kesembuhan anak perempuannya kepada Dia dengan tidak menyerah? Sebagaimana kita temukan dalam Yohanes 16:23, *"Dan pada hari itu kamu tidak akan menanyakan apa-apa kepada-Ku. Aku berkata kepadamu: Sesungguhnya segala sesuatu yang kamu minta kepada Bapa, akan diberikan-Nya kepadamu dalam nama-Ku."* Maka Yesus menjawab dan berkata kepadanya: *"Hai ibu, besar imanmu, maka jadilah kepadamu seperti yang kaukehendaki"* (Matius 15:28).

Betapa luar biasa dan manis jawaban Allah!

Jika kita percaya kepada Allah yang hidup, sebagai anak-anak-Nya kita harus memuliakan-Nya dengan menerima semua yang kita minta dari-Nya. Dengan ayat bacaan yang menjadi dasar bab ini, marilah kita menyelidiki cara-cara bagaimana kita bisa menerima jawaban Allah.

1. Kita Harus Percaya Kepada Allah yang Berjanji Untuk Menjawab Kita

Melalui Alkitab, Allah berjanji kepada kita bahwa Ia akan menjawab doa dan permohonan kita. Karena itu, hanya apabila kita tidak ragu akan janji ini kita bisa dengan tekun meminta dan menerima semua yang kita minta dari Allah.

Bilangan 23:19 berkata, *"Allah bukanlah manusia, sehingga Ia berdusta bukan anak manusia, sehingga Ia menyesal. Masakan Ia berfirman dan tidak melakukannya, A atau berbicara dan tidak menepatinya?"* Dalam Matius 7:7-8 Allah berjanji kepada kita, *"Mintalah, maka akan diberikan* kepadamu; carilah, maka kamu akan mendapat; ketoklah, maka pintu akan dibukakan bagimu. Karena setiap orang yang meminta, menerima dan setiap orang yang mencari, mendapat dan setiap orang yang mengetok, baginya pintu dibukakan." Sepanjang Alkitab ada banyak referensi yang menunjuk pada janji Allah bahwa Ia akan menjawab kita jika kita meminta menurut kehendak-Nya. Berikut ini adalah beberapa contoh:

> "Karena itu aku berkata kepadamu, apa saja yang kamu minta dam doakan, percayalah bahwa kamu telah menerimanya, maka hal itu akan [diberikan] kepadamu" (Markus 11:24).

> "Jikalau kamu tinggal di dalam Aku dan firman-Ku tinggal di dalam kamu, mintalah apa saja yang kamu kehendaki, dan kamu akan menerimanya" (Yohanes 15:7).

> "Dan apa juga yang kamu minta dalam nama-Ku, Aku akan melakukannya, supaya Bapa dipermuliakan di dalam Anak" (Yohanes 14:13).

> "Dan apabila kamu berseru dan datang untuk berdoa kepada-Ku, maka Aku akan mendengarkan kamu; apabila kamu mencari Aku, kamu akan menemukan Aku; apabila kamu menanyakan Aku dengan segenap hati" (Yeremia 29:12-13).

"Berserulah kepada-Ku pada waktu kesesakan, Aku akan meluputkan engkau, dan engkau akan memuliakan Aku" (Mazmur 50:15).

Janji-janji Allah semacam itu berulang-ulang ditemukan di Perjanjian Lama dan Perjanjian Baru. Sekalipun hanya ada satu ayat Alkitab mengenai janji ini, kita akan berpegang teguh pada ayat itu dan berdoa untuk menerima jawaban-Nya. Tetapi, karena janji ini banyak kali ditemukan dalam Alkitab, kita harus percaya bahwa Allah itu sungguh hidup dan Ia tetap sama baik kemarin, hari ini, dan sampai selama-lamanya (Ibrani 13:8).

Lebih lagi, Alkitab menyampaikan kepada kita tentang banyak laki-laki dan perempuan yang diberkati yang percaya pada firman Allah, meminta, dan menerima jawaban-Nya. Kita harus meniru iman dan hati orang-orang tersebut dan membawa hidup kita sendiri untuk selalu menerima jawaban-Nya.

Ketika Yesus berkata kepada seorang lumpuh dalam Markus 2:1-12, *"Dosamu sudah diampuni. Bangunlah, angkatlah tempat tidurmu dan pulanglah ke rumahmu,"* orang lumpuh itu bangun, mengangkat tempat tidurnya dan dan berjalan keluar di hadapan orang-orang itu, dan semua yang menyaksikan menjadi takjub dan memuliakan Allah.

Seorang perwira dalam Matius 8:5-13 datang ke hadapan Yesus demi hambanya yang terbaring lumpuh di rumah, sangat menderita dan berkata kepada Yesus, *"Katakan saja sepatah kata, maka hambaku itu akan sembuh"* (ayat 8). Kita tahu bahwa saat Yesus berkata kepada perwira itu, *"Pulanglah! Jadilah kepadamu seperti yang engkau percaya,"* pada saat itu juga sembuhlah hamba perwira itu (ayat 13).

Seorang yang sakit kusta dalam Markus 1:40-42 datang kepada Yesus dan berlutut di hadapan-Nya dan memohon bantuan-Nya, *"Kalau Engkau mau, Engkau dapat mentahirkan aku"* (ayat 40). Maka tergeraklah hati-Nya oleh belas kasihan, lalu Ia mengulurkan tangan-Nya, menjamah orang itu dan berkata kepadanya: *"Aku mau, jadilah engkau tahir"* (ayat 41). Kita tahu bahwa seketika itu lenyaplah penyakit kusta orang itu dan ia menjadi tahir.

Allah mengizinkan semua orang menerima apa pun yang mereka minta dari-Nya di dalam nama Yesus Kristus. Allah juga ingin semua orang percaya kepada Ia yang telah berjanji untuk menjawab doa mereka, untuk berdoa dengan hati yang tidak berubah tanpa menyerah, dan menjadi anak-anak-Nya yang diberkati.

2. Jenis-Jenis Doa yang Tidak Dijawab Allah

Saat orang-orang percaya dan berdoa menurut kehendak Allah, hidup sesuai firman-Nya, dan mati sebagaimana biji gandum mati dan menghasilkan banyak buah, Allah melihat hati dan dedikasi mereka dan menjawab doa mereka. Namun, jika ada orang yang tidak bisa menerima jawaban Allah padahal mereka berdoa, apa yang menjadi penyebabnya? Ada banyak orang di dalam Alkitab yang gagal menerima jawaban-Nya sekalipun mereka berdoa. Dengan memeriksa alasan-alasan mengapa orang tidak menerima jawaban Allah, kita harus belajar bagaimana kita bisa menerima jawaban dari-Nya.

Pertama, jika kita menyembunyikan dosa di hati kita dan berdoa, Allah berkata kepada kita bahwa Ia tidak akan menjawab doa kita. Mazmur 66:18 mengatakan kepada kita, *"Seandainya ada niat jahat dalam hatiku, tentulah Tuhan tidak mau mendengar,"* dan Yesaya 59:1-2 mengingatkan kita, *"Sesungguhnya, tangan TUHAN tidak kurang panjang untuk menyelamatkan, dan pendengaran-Nya tidak kurang tajam untuk mendengar; Tetapi yang merupakan pemisah antara kamu dan Allahmu ialah segala kejahatanmu, dan yang membuat Dia menyembunyikan diri terhadap kamu, sehingga Ia tidak mendengar, ialah segala dosamu."* Karena Iblis akan menahan doa kita akibat dosa kita, doa kita hanya menyentuh udara dan tidak akan mencapai tahta Allah.

Kedua, jika kita berdoa di tengah-tengah perselisihan dengan saudara kita, Allah tidak akan menjawab kita. Karena Bapa Surgawi kita tidak akan mengampuni kita apabila kita mengampuni saudara kita dengan segenap hati (Matius 18:35), doa kita tidak akan sampai kepada Allah atau tidak akan dijawab.

Ketiga, jika kita berdoa untuk memuaskan hawa nafsu kita

maka Allah tidak akan menjawab doa kita. Jika kita tidak menghiraukan kemuliaan-Nya melainkan berdoa menurut hawa nafsu tubuh kita yang penuh dosa dan hendak menghabiskan apa yang kita terima dari-Nya untuk memuaskan hawa nafsu tubuh kita, Allah tidak akan menjawab kita (Yakobus 4:2-3). Misalnya, kepada anak perempuan yang taat dan rajin belajar sang ayah akan memberikan uang saku kapan saja ia memintanya. Namun, kepada anak perempuan yang tidak taat yang tidak terlalu peduli untuk belajar, sang ayah tidak akan mau memberikan uang saku atau cemas bahwa bisa saja sang anak menghabiskan uang saku dengan motif yang salah. Begitu pula, jika meminta sesuatu dengan motif yang salah dan untuk memuaskan hawa nafsu tubuh kita, Allah tidak akan menjawab kita karena kita bisa saja masuk ke jalan yang menuju kehancuran.

Keempat, kita tidak boleh berdoa maupun berseru bagi para penyembah berhala (Yeremia 11:10-11). Karena Allah membenci penyembahan berhala di atas segalanya, kita hanya perlu berdoa untuk keselamatan jiwa mereka. Doa atau permintaan apa pun yang dinaikkan demi mereka tidak akan dijawab.

Kelima, Allah tidak akan menjawab doa yang dipenuhi kebimbangan karena kita bisa menerima jawaban dari Allah hanya apabila kita berdoa tanpa bimbang (Yakobus 1:6-7). Saya yakin banyak di antara Anda yang telah menyaksikan penyembuhan penyakit-penyakit yang tidak dapat disembuhkan dan resolusi terhadap masalah-masalah yang tampaknya mustahil saat orang meminta campur tangan Allah. Ini karena Allah mengatakan kepada kita bahwa *"Aku berkata kepadamu: Sesungguhnya barangsiapa berkata kepada gunung ini: Beranjaklah dan tercampaklah ke dalam laut! asal tidak bimbang hatinya, tetapi percaya, bahwa apa yang dikatakannya itu akan terjadi, maka hal itu akan terjadi baginya"* (Markus 11:23). Anda harus tahu bahwa doa yang penuh dengan kebimbangan tidak akan dijawab dan hanya doa yang sesuai dengan kehendak Allah yang akan membawa sebuah rasa kepastian yang tidak dapat disangkal.

Keenam, jika kita tidak menaati perintah-perintah Allah, doa kita tidak akan dijawab. Apabila kita menaati perintah Allah dan melakukan apa yang berkenan kepada-Nya, Alkitab berkata kepada kita bahwa kita memiliki keberanian percaya untuk mendekati Alah dan memperoleh apa saja yang kita minta dari pada-Nya (1 Yohanes 3:21-22). Sebab Amsal 8:17 berkata kepada kita, *"Aku mengasihi orang yang mengasihi aku, dan orang yang tekun mencari aku akan mendapatkan daku,"* doa orang yang menaati perintah-perintah Allah dalam kasih kepada-Nya (1 Yohanes 5:3) pasti akan dijawab.

Ketujuh, kita tidak akan memperoleh jawaban Allah tanpa menabur. Karena Galatia 6:7 berkata, *"Jangan sesat! Allah tidak membiarkan diri-Nya dipermainkan. Karena apa yang ditabur orang, itu juga yang akan dituainya,"* dan 2 Korintus 9:6 mengatakan kepada kita, *"Camkanlah ini: Orang yang menabur sedikit, akan menuai sedikit juga, dan orang yang menabur banyak, akan menuai banyak juga,"* tanpa menabur seseorang tidak dapat menuai. Jika seseorang menabur doa, rohnya akan baik-baik saja; jika ia menabur persembahan, ia akan menerima berkat-berkat keuangan; dan jika ia menabur dalam perbuatannya, ia akan menerima berkat-berkat kesehatan. Singkatnya, Anda harus menabur apa yang ingin Anda tuai untuk menerima jawaban-jawaban Allah.

Sebagai tambahan persyaratan-persyaratan di atas, jika orang tidak mampu berdoa dalam nama Yesus atau tidak mampu berdoa sepenuh hati, atau tetap bersungut-sungut, doa mereka tidak akan dijawab. Pertengkaran antara suami dan istri (1 Petrus 3:7) atau ketidaktaatan tidak akan menjamin jawaban Allah bagi mereka.

Kita harus selalu mengingat bahwa keadaan demikian menciptakan sebuah dinding antara Allah dan kita; Ia akan memalingkan wajah-Nya dari kita dan tidak menjawab doa kita. Karena itu, pertama-tama kita harus mencari Kerajaan Allah dan kebenaran-Nya, berseru kepada-Nya di dalam doa untuk memperoleh keinginan hati kita, dan selalu memperoleh jawabannya dengan berpegang kuat hingga akhirnya dalam iman yang teguh.

3. Rahasia-Rahasia Untuk Memperoleh Jawaban Doa Kita

Pada fase awal kehidupan seseorang di dalam Kristus, secara

rohani ia dapat disamakan seperti bayi, dan Allah menjawab doanya dengan segera. Karena orang tersebut belum mengetahui seluruh kebenaran, jika ia melakukan apa yang dikotbahkan dari mimbar walaupun hanya sedikit, Allah menjawab dia seakan-akan ia adalah seorang bayi yang menangis minta susu, dan memimpinnya untuk menjumpai Allah. Saat ia terus mendengar dan mengerti kebenaran, ia akan tumbuh ke fase "balita", dan sejauh ia melakukan kebenaran, Allah akan menjawabnya. Jika seorang individu telah bertumbuh secara rohani dari tahap "anak" namun terus saja berbuat dosa dan tidak mampu untuk hidup sesuai firman, ia tidak bisa memperoleh jawaban Allah; dan sejak saat itu, ia akan melihat jawaban-jawaban Allah sejauh ia menyelesaikan pengudusan.

Karena itu, agar orang-orang yang tidak memperoleh jawaban menerima jawaban-Nya, pertama-tama mereka harus bertobat, berbalik dari jalan-jalannya, dan mulai menjalani hidup yang taat dimana mereka hidup sesuai firman Allah. Ketika mereka hidup dalam kebenaran setelah bertobat dengan hati mereka yang hancur, Allah memberikan berkat-berkat yang luar biasa kepada mereka. Karena Ayub hanya memiliki iman yang disimpan sebagai pengetahuan, pada mulanya ia menggerutu melawan Allah saat pencobaan dan penderitaan mendatanginya. Setelah Ayub bertemu dengan Allah dan bertobat dengan hatinya yang hancur, ia mengampuni teman-temannya dan hidup menurut firman Allah. Pada gilirannya, Allah memberkati Ayub dua kali lipat dari yang ia miliki sebelumnya (Ayub 42:5-10).

Ayub menemukan dirinya tertahan di dalam perut seekor ikan besar akibat ketidaktaatannya kepada firman Allah. Tetapi, saat ia berdoa, bertobat dan mengucap syukur dalam doanya dengan iman, Allah memerintahkan ikan itu, dan memuntahkan Yunus ke tanah kering (Yunus 2:1-10).

Jika kita berbalik dari jalan-jalan kita, bertobat, dan hidup sesuai dengan kehendak Bapa, percaya, dan berseru kepada-Nya, iblis dan Setan akan bersatu jalan datang kepada Anda tapi bertujuh jalan mereka akan kabur dari Anda. Secara alami, sakit penyakit, masalah-masalah dengan anak kita, dan masalah-masalah keuangan akan teratasi. Seorang suami penyiksa akan berubah menjadi suami yang baik dan hangat dan sebuah keluarga yang penuh damai yang memancarkan aroma Kristus akan memberikan kemuliaan yang besar kepada Allah.

Jika kita sudah berbalik dari jalan-jalan kita, bertobat, dan memperoleh jawaban Allah atas doa kita, kita harus memuliakan Allah dengan memberikan kesaksian akan sukacita kita. Apabila kita menyenangkan dan memuliakan Allah melalui kesaksian kita, Allah tidak saja menerima kemuliaan dan bersuka di dalam kita tetapi ia juga semakin rindu untuk bertanya kepada kita, "Apa yang akan aku berikan kepadamu?"

Seandainya orangtua memberikan sebuah hadiah kepada anak laki-lakinya dan sang anak tidak tampak berterimakasih atau mengungkapkan pengucapan syukur dengan cara apa pun. Sang ibu mungkin tidak ingin memberikan apa-apa lagi kepadanya. Namun, jika sang anak menghargai hadiah itu dan menyenangkan hati ibunya, sang ibu akan jadi semakin senang dan ingin memberikan lebih banyak hadiah kepada anaknya dan mempersiapkannya dengan baik. Begitu pula, bila kita ingat bahwa Allah Bapa kita senang anak-anak-Nya menerima jawaban atas doanya dan Allah memberikan lebih banyak lagi karunia bagi orang-orang yang bersaksi tentang jawaban Allah, dan memuliakan Dia, kita akan menerima lebih banyak lagi dari pada-Nya.

Marilah kita semua meminta sesuai dengan kehendak Allah, menunjukkan kepada-Nya iman dan dedikasi kita, dan menerima apa pun yang kita minta dari-Nya. Menunjukkan iman dan dedikasi kita kepada Allah mungkin kelihatannya tugas yang sulit dari perspektif manusia. Tapi, saat kita mampu membuang dosa yang bertentangan dengan kebenaran, mengarahkan pandangan kita pada surga yang kekal, menerima jawaban atas doa kita, dan setelah itu menyimpan upah kita di kerajaan surga saja, hidup kita akan dipenuhi ucapan syukur dan sukacita dan hidup kita akan sungguh-sungguh berarti. Lebih lagi, hidup kita akan semakin diberkati karena pencobaan dan penderitaan akan disingkirkan dan damai sejahtera sejati bisa dirasakan dalam bimbingan dan perlindungan Allah.

Semoga setiap Anda meminta dengan iman apa pun yang Anda inginkan, berdoa dengan bersungguh-sungguh, melawan dosa dan menaati perintah-perintah-Nya untuk dapat menerima semua yang Anda minta, menyenangkan Dia dalam segala perkara, dan memuliakan Allah, di dalam nama Yesus Kristus saya berdoa.

Bab 2

Kita Masih Perlu Meminta Kepada-Nya

Dan kamu akan teringat-ingat kepada kelakuanmu yang jahat dan perbuatan-perbuatanmu yang tidak baik dan kamu akan merasa mual melihat dirimu sendiri karena kesalahan-kesalahanmu dan perbuatan-perbuatan yang keji. Bukan karena kamu Aku bertindak, demikianlah firman Tuhan ALLAH, ketahuilah itu. Merasa malulah kamu dan biarlah kamu dipermalukan karena kelakuanmu, hai kaum Israel. Beginilah firman Tuhan ALLAH: Pada hari Aku mentahirkan kamu dari segala kesalahanmu, Aku akan membuat kota-kota didiami lagi dan reruntuhan-reruntuhan akan dibangun kembali. Tanah yang sudah lama tinggal tandus akan dikerjakan kembali, supaya jangan lagi tetap tandus di hadapan semua orang yang lintas dari padamu. Sebaliknya mereka akan berkata: Tanah ini yang sudah lama tinggal tandus menjadi seperti taman Eden dan kota-kota yang sudah runtuh, sunyi sepi dan musnah, sekarang didiami dan menjadi kubu. Dan bangsa-bangsa yang tertinggal, yang ada di sekitarmu akan mengetahui, bahwa Akulah TUHAN, yang membangun kembali yang sudah musnah dan menanami kembali yang sudah tandus. Aku, TUHAN, yang mengatakannya dan akan membuatnya. Beginilah firman Tuhan ALLAH: Dalam hal ini juga Aku menginginkan, supaya kaum Israel meminta dari pada-Ku apa yang hendak Kulakukan bagi mereka, yaitu membuat mereka banyak seperti lautan manusia.

Yehezkiel 36:31-37

Melalui keenampuluh-enam kitab dalam Alkitab, Allah yang sama kemarin, hari ini, dan sampai selama-lamanya (Ibrani 13:8) menyaksikan bahwa Ia hidup dan bekerja. Bagi semua orang yang percaya kepada firman dan menaatinya dalam masa Perjanjian Lama, dalam masa Perjanjian Baru, dan sekarang, Allah telah dengan setia menunjukkan kepada mereka bukti-bukti pekerjaan-Nya.

Allah sang Pencipta segala sesuatu di alam semesta dan Penguasa kehidupan, kematian, kutuk, dan berkat umat manusia telah berjanji untuk "memberkati" kita (Ulangan 28:5-6) selama kita percaya dan menaati semua firman-Nya yang ada di dalam Alkitab. Sekarang, jika kita sungguh-sungguh percaya pada fakta yang luar biasa dan mengagumkan ini, kita kekurangan apa dan apa yang tidak kita terima? Kita temukan dalam bilangan 23:19, *"Allah bukanlah manusia, sehingga Ia berdusta bukan anak manusia, sehingga Ia menyesal. Masakan Ia berfirman dan tidak melakukannya, atau berbicara dan tidak menepatinya?"* Apakah Allah berfirman dan tidak melakukannya? Apakah Allah berjanji dan tidak menepatinya? Lebih lanjut, karena Yesus berjanji kepada kita dalam Yohanes 16:23, *"Aku berkata kepadamu: Sesungguhnya segala sesuatu yang kamu minta kepada Bapa, akan diberikan-Nya kepadamu dalam nama-Ku,"* anak-anak Allah sungguh-sungguh diberkati.

Dengan demikian, sudah seharusnya anak-anak Allah untuk menjalani hidup dimana mereka menerima yang mereka minta dan memuliakan Bapa Surgawi mereka. Mengapa, kemudian, banyak orang Kristen yang gagal menjalani hidup yang seperti itu? Melalui ayat bacaan yang menjadi dasar bab ini, marilah kita menyelidiki bagaimana kita selalu bisa menerima jawaban Allah.

1. Allah Telah Berbicara dan Akan Melakukannya Namun Kita Masih Tetap Perlu Meminta Kepada-Nya

Sebagai pilihan Allah, bangsa Israel telah menerima berkat-berkat melimpah. Mereka dijanjikan bahwa jika mereka taat sepenuhnya dan mengikuti firman Allah, Ia akan mendudukkan mereka tinggi diantara bangsa-bangsa, membuat musuh-musuh yang bangkit melawan mereka dikalahkan di hadapan mereka, dan memberkati semua pekerjaan tangan mereka (Ulangan 28:1, 7-8). Sementara berkat-berkat demikian turun atas bangsa Israel ketika mereka menaati firman Allah, ketika mereka berbuat salah, tidak menaati hukum Taurat, dan menyembah berhala, dalam kemarahan Allah mereka ditawan dan tanah mereka hancur.

Pada waktu itu, Allah berkata kepada bangsa Israel bahwa jika mereka bertobat dan berbalik dari jalan-jalan mereka yang jahat, Ia akan membuat tanah yang terasing itu untuk ditanami dan tempat-tempat yang hancur untuk dibangun kembali. Lebih lagi, Allah berkata, *"Aku, TUHAN, yang mengatakannya dan akan membuatnya. Dalam hal ini juga Aku menginginkan, supaya kaum Israel meminta dari pada-Ku apa yang hendak*

Kulakukan bagi mereka" (Yehezkiel 36:36-37).

Mengapa Allah berjanji kepada bangsa Israel bahwa Ia akan melakukan tapi juga berkata bahwa bangsa Israel masih tetap harus "meminta" kepada-Nya? Sekalipun Allah mengetahui apa yang kita perlukan bahkan sebelum kita meminta kepada-Nya (Matius 6;8), Ia juga mengatakan kepada kita, *"Mintalah, maka akan diberikan kepadamu... Karena setiap orang yang meminta, menerima... apalagi Bapamu yang di sorga! Ia akan memberikan yang baik kepada mereka yang meminta kepada-Nya"* (Matius 7:7-11)!

Sebagai tambahan, sebagaimana Allah mengatakan kepada kita di sepanjang bahwa kita tetap perlu untuk meminta dan berseru kepada-Nya untuk menerima jawaban-Nya (Yeremia 33:3, Yohanes 14:14), anak-anak Allah yang sungguh-sungguh percaya kepada firman-Nya harus tetap meminta kepada Allah sekalipun Ia telah mengatakannya dan Ia akan bertindak.

Di satu sisi, orang yang percaya kepada Allah saat Ia berkata "Aku akan melakukannya," mengarahkan pandangan mereka kepada-Nya dan menaati firman-Nya, menerima jawaban Allah sesuai iman mereka. Di sisi lain, jika orang bimbang, dan tidak mampu bersyukur melainkan berkeluh kesah dalam masa-masa pencobaan dan penderitaan – singkatnya, jika mereka gagal mempercayai janji Allah – mereka tidak dapat menerima jawaban Allah. Bahkan jika Allah telah berjanji "Aku akan melakukannya," janji ini bisa dipenuhi hanya jika orang berpegang teguh pada janji itu dalam doa dan perbuatan. Seseorang tidak bisa dikatakan memiliki iman jika ia tidak meminta melainkan sekedar melihat pada janji itu dan berkata, "Karena Allah berkata begitu, maka akan terjadi." Atau juga ia tidak bisa menerima jawaban Allah karena tidak ada perbuatan yang menyertainya.

2. Kita Harus Meminta Untuk Menerima Jawaban Allah

Pertama-tama Anda harus menghancurkan dinding pemisah antara Anda dengan Allah.

Ketika Daniel diambil sebagai tawanan di Babel setelah jatuhnya Yerusalem, ia menemukan Kitab Suci yang berisi nubuatan Yeremia dan mengetahui bahwa penghancuran Yerusalem akan berlangsung selama tujuh puluh tahun. Selama masa tujuh puluh tahun itu, sebagaimana diketahui Daniel, Israel akan melayani raja Babel. Namun, ketika masa tujuh puluh tahun itu berakhir, raja Babel, kerajaannya, dan tanah bangsa Kaldea jadi terkutuk dan hancur untuk selamanya akibat dosa-dosa mereka. Walaupun bangsa Israel menjadi tawanan di Babel pada masa itu, nubuatan Yeremia bahwa mereka akan merdeka dan kembali ke tanah air mereka setelah tujuh puluh tahun merupakan sumber sukacita dan kelegaan bagi Daniel.

Tetapi, Daniel tidak, sekalipun bisa saja dengan mudah, berbagi sukacitanya dengan sesamanya bangsa Israel. Melainkan,

Daniel memohon kepada Allah melalui doa dan permohonan, dengan berpuasa, mengenakan kain kabung dan abu. Dan ia menyesal bahwa ia dan bangsa Israel telah berbuat dosa, melakukan kesalahan, berlaku fasik, memberontak, dan menyimpang dari perintah-perintah dan peraturan Allah (Daniel 9:3-19).

Melalui nabi Yeremia Allah tidak menyingkapkan bagaimana penawanan bangsa Israel di Babel akan berakhir; Ia hanya menubuatkan akhir penawanan setelah tujuh dekade. Namun karena Daniel mengetahui hukum alam rohani, ia sangat sadar bahwa pertama-tama dinding yang memisahkan Israel dengan Allah harus dihancurkan agar firman Allah digenapi. Dengan berbuat demikian, Daniel menunjukkan imannya melalui perbuatan. Saat Daniel berpuasa dan bertobat-bagi dirinya sendiri dan bangsa Israel lainnya-karena telah melakukan kesalahan menentang Allah dan akibatnya dikutuk, Allah menghancurkan dinding itu, menjawab Daniel, memberikan kepada bangsa Israel "tujuh puluh kali tujuh masa," dan menyingkapkan rahasia lain kepadanya.

Saat kita menjadi anak-anak Allah yang meminta sesuai dengan kehendak Allah, kita harus menyadari bahwa menghancurkan dinding dosa mendahului penerimaan jawaban apa pun atas doa kita dan menjadikan penghancuran dinding itu sebagai prioritas.

Kedua, kita harus berdoa dengan iman dan dalam ketaatan.

Dalam Keluaran 3:6-8 kita membaca tentang janji Allah kepada bangsa Israel, yang pada waktu itu diperbudak di Mesir, bahwa Allah akan membawa mereka keluar dari Mesir dan memimpin mereka ke tanah Kanaan, tanah yang berlimpah susu dan madu. Kanaan merupakan tanah yang dijanjikan Allah kepada bangsa Israel untuk diberikan sebagai milik mereka (Keluaran 6:8). Ia menjanjikan dengan sumpah untuk memberikan tanah itu kepada keturunan mereka dan memerintahkan mereka untuk pergi (Keluaran 33:1-3). Itu merupakan tanah perjanjian dimana Allah memerintahkan Israel untuk menghancurkan semua berhala yang ada dan memperingatkan mereka untuk tidak membuat perjanjian dengan orang yang sudah berdiam disana dan ilah-ilah mereka, agar bangsa Israel tidak menciptakan sebuah jerat antara mereka sendiri dengan Allah mereka. Ini merupakan janji dari Allah yang selalu menepati janjinya. Mengapa, kemudian, bangsa Israel tidak bisa memasuki Kanaan?

Dalam ketidakpercayaan mereka kepada Allah dan kuasa-Nya, bangsa Israel bersungut-sungut terhadap Allah (Bilangan 14:1-3) dan tidak menaati-Nya, dan dengan demikian gagal memasuki tanah Kanaan sekalipun berdiri di pintu masuknya (Bilangan 14:21-23; Ibrani 3:18-19). Singkatnya, sekalipun Allah telah menjanjikan tanah Kanaan kepada bangsa Israel, janji itu tidak ada artinya jika mereka tidak percaya atau menaati-Nya. Jika mereka percaya dan menaati-Nya, janji itu pasti digenapi. Pada akhirnya, hanya Yosua dan Kaleb yang percaya kepada firman Allah, bersama-sama dengan keturunan bangsa Israel itu yang bisa memasuki tanah Kanaan (Yosua 14:6-12). Melalui sejarah Israel, marilah kita mengingat bahwa kita bisa menerima jawaban Allah hanya bila kita meminta kepada-Nya dengan mempercayai janji-janji-Nya dan dalam ketaatan, dan menerima jawaban-Nya dengan meminta kepada-Nya dengan iman.

Sekalipun Musa sendiri sangat percaya pada janji Allah tentang Kanaan, sebab bangsa Israel tidak percaya pada kuasa Allah, bahkan ia pun tidak diizinkan untuk memasuki tanah yang dijanjikan itu. Perbuatan Allah kadangkala dinyatakan oleh iman satu orang tapi kadangkala dinyatakan apabila semua orang yang terlibat memiliki iman yang melayakkan manifestasi perbuatan-Nya. Untuk memasuki Kanaan, Allah meminta iman seluruh bangsa Israel, bukan hanya iman Musa. Tapi, karena Ia tidak menemukan jenis iman ini diantara bangsa Israel, Allah tidak mengizinkan mereka memasuki tanah Kanaan. Ingatlah bahwa saat Allah meminta iman semua orang yang terlibat, bukan satu individu saja, semua orang perlu berdoa dengan iman dan dalam ketaatan, dan menjadi satu hati untuk bisa menerima jawaban-jawaban-Nya.

Saat perempuan yang telah dua belas tahun menderita pendarahan menerima kesembuhan dengan menjamah jubah Yesus, Ia bertanya, *"Siapa yang menjamah jubah-Ku?"* dan membuatnya menyaksikan kesembuhannya di hadapan semua orang yang berkumpul (Markus 5:25-34).

Seorang individu yang menyaksikan manifestasi pekerjaan Allah dalam hidupnya membantu orang lain menumbuhkan iman mereka dan memperkuat mereka untuk mengubah diri mereka menjadi manusia pendoa yang meminta dan menerima jawaban-Nya. Karena menerima jawaban Allah oleh iman memampukan orang-orang yang tidak percaya untuk memiliki iman dan berjumpa dengan Allah yang hidup, ini benar-benar sebuah cara yang bagus sekali untuk memuliakan-Nya.

Dengan percaya dan menaati firman berkat yang ada di dalam Alkitab, dan ingat bahwa kita tetap perlu meminta walaupun Allah telah berjanji kepada kita, "Aku telah mengatakannya dan akan melakukannya," marilah kita selalu menerima jawaban-Nya, menjadi anak-anak-Nya yang diberkati, dan memuliakan Dia dengan segenap hati kita.

Bab 3

Hukum Rohani Mengenai Jawaban Allah

Lalu pergilah Yesus ke luar kota dan sebagaimana biasa Ia menuju Bukit Zaitun. Murid-murid-Nya juga mengikuti Dia. Setelah tiba di tempat itu Ia berkata kepada mereka: "Berdoalah supaya kamu jangan jatuh ke dalam pencobaan." Kemudian Ia menjauhkan diri dari mereka kira-kira sepelempar batu jaraknya, lalu Ia berlutut dan berdoa, kata-Nya: "Ya Bapa-Ku, jikalau Engkau mau, ambillah cawan ini dari pada-Ku; tetapi bukanlah kehendak-Ku, melainkan kehendak-Mulah yang terjadi." Maka seorang malaikat dari langit menampakkan diri kepada-Nya untuk memberi kekuatan kepada-Nya. Ia sangat ketakutan dan makin bersungguh-sungguh berdoa. Peluh-Nya menjadi seperti titik-titik darah yang bertetesan ke tanah. Lalu Ia bangkit dari doa-Nya dan kembali kepada murid-murid-Nya, tetapi Ia mendapati mereka sedang tidur karena dukacita. Kata-Nya kepada mereka: "Mengapa kamu tidur? Bangunlah dan berdoalah, supaya kamu jangan jatuh ke dalam pencobaan."

Lukas 22:39-46

Anak-anak Allah menerima keselamatan dan memiliki hak untuk menerima apa pun yang mereka minta dengan iman dari Allah. Itulah sebabnya mengapa kita membaca dalam Matius 21:22, *"Dan apa saja yang kamu minta dalam doa dengan penuh kepercayaan, kamu akan menerimanya."*

Namun, banyak orang bertanya-tanya mengapa mereka tidak menerima jawaban Allah setelah berdoa, bertanya apakah doa mereka telah sampai kepada Allah, atau bahkan ragu apakah Allah mendengar doa mereka.

Sama seperti kita perlu tahu metode dan rute yang tepat untuk melakukan sebuah perjalanan yang mulus menuju tujuan tertentu, hanya bila kita sadar akan metode dan rute doa yang tepat maka kita bisa menerima jawaban Allah yang segera. Doa itu sendiri tidak menjamin jawaban Allah; kita perlu belajar hukum alam rohani tentang jawaban Allah dan berdoa sesuai dengan hukum itu.

Marilah kita menyelidiki hukum alam rohani tentang jawaban Allah dan hubungannya dengan ketujuh roh.

1. Hukum Alam Rohani Mengenai Jawaban Allah

Karena doa adalah meminta kepada Allah Yang Mahakuasa hal-hal yang kita inginkan dan perlukan, kita bisa menerima jawabannya hanya bila kita meminta sesuai dengan hukum alam rohani. Tak ada jumlah atau tingkat upaya manusia yang didasarkan pada pemikiran, metode, ketenaran, dan pengetahuannya yang bisa mendatangkan jawaban Allah kepadanya.

Karena Allah adalah hakim yang adil (Mazmur 7:12), yang mendengar doa kita, menjawabnya, Ia meminta dari kita jumlah yang sesuai sebagai ganti jawabannya. Jawaban Allah atas doa kita bisa dibandingkan dengan membeli daging dari seorang tukang daging. Jika tukang daging itu diibaratkan Allah, timbangan yang ia pakai adalah ukur Allah, berdasarkan hukum alam rohani, apakah seseorang bisa atau tidak menerima jawaban-Nya.

Seandainya kita pergi ke tukang daging untuk membeli satu kilo daging. Saat kita meminta kepadanya jumlah daging yang kita inginkan, si tukang daging menimbang daging itu dan melihat apakah berat daging itu sudah satu kilo. Jika daging yang ditimbang itu seberat satu kilo, tukang daging menerima jumlah uang untuk satu kilo daging, membungkus daging itu, dan memberikannya kepada kita.

Dengan cara yang sama, sekalipun Allah menjawab doa kita, Ia dengan pasti menerima sesuatu dari kita sebagai pengganti yang menjamin jawaban-Nya. Inilah hukum alam rohani mengenai jawaban Allah.

Karena Allah mendengar doa kita, menerima suatu jumlah yang sesuai dari kita, dan kemudian menjawab kita, jika ada seseorang yang belum menerima jawaban doanya, ini karena ia belum mempersembahkan kepada Allah suatu jumlah yang sesuai dengan jawaban-Nya. Karena jumlah yang diperlukan untuk menerima jawaban-Nya bervariasi tergantung isi doa seseorang, hingga ia menerima jenis iman dimana ia bisa menerima jawaban Allah, ia harus mendoakan dan mengumpulkan jumlah yang diperlukan itu. Walaupun kita tidak tahu secara detil mengenai jumlah yang sesuai yang Allah minta, Allah tahu. Karena itu, saat kita mendengarkan dengan seksama suara Roh Kudus, kita perlu meminta beberapa hal kepada Allah dengan berpuasa, hal-hal tertentu dengan menaikkan doa semalaman, yang lainnya dengan doa air mata, dan yang lain lagi dengan persembahan ucapan syukur. Perbuatan demikian mengakumulasi jumlah yang diperlukan untuk memperoleh jawaban Allah, seiring Ia memberikan kepada kita jenis iman dimana kita bisa percaya dan memberkati kita dengan jawaban-Nya.

Sekalipun jika dua orang menyisihkan dan memulai waktu untuk doa permohonan, seorang segera menerima jawaban Allah setelah ia memulai doa permohonan, sedangkan yang seorang lagi gagal menerima jawaban-Nya bahkan setelah doa permohonannya dimulai dan selesai. Penjelasan apa yang bisa kita temukan mengenai ketimpangan ini?

Karena Allah itu bijaksana dan membuat rencana-rencana-Nya di muka, jika Allah menyatakan bahwa seorang individu memiliki hati yang akan tetap berdoa hingga periode doa permohonan selesai, Ia akan menjawab pertanyaan orang itu dengan segera. Namun, jika seseorang gagal menerima jawaban Allah atas masalah yang hadapi sekarang, itu karena ia gagal untuk sepenuhnya memberi jumlah yang sesuai bagi jawaban-

Nya. Saat kita berjanji berdoa untuk periode waktu tertentu, kita harus tahu bahwa Allah telah memimpin hati kita sehingga Ia akan menerima jumlah doa yang sesuai untuk menerima jawaban-Nya. Konsekuensinya, jika kita gagal mengumpulkan jumlah itu, kita gagal untuk menerima jawaban Allah.

Misalnya, jika seorang pria berdoa untuk calon pasangannya, Allah mencarikannya pendamping yang tepat hingga Ia bisa bekerja untuk membawa kebaikan bagi orang itu dalam segala hal. Ini tidak berarti bahwa pendamping yang tepat muncul di hadapan mata pria itu walaupun ia belum cukup umur untuk menikah hanya karena ia telah berdoa untuk itu. Karena Allah sudah menjawab orang-orang yang percaya bahwa mereka telah menerima jawaban-Nya, pada waktu pilihan-Nya ia akan menyingkapkan pekerjaan-Nya kepada mereka. Tetapi, ketika doa seseorang tidak sesuai dengan kehendak-Nya, tidak ada jumlah doa yang akan menjamin jawaban-Nya. Jika pria yang tadi mencari dan mendoakan tampilan-tampilan luar untuk calon pasangannya seperti latar belakang pendidikan, penampilan, kesehatan, ketenaran, dan lain sebagainya – dengan kata lain, doa yang dipenuhi oleh ketamakan yang terbentuk dalam kerangka pikirannya – Allah tidak akan menjawabnya.

Sekalipun jika dua orang berdoa kepada Allah dengan masalah yang persis sama, karena tingkat pengudusan dan ukuran iman percaya mereka berbeda, jumlah doa yang Allah terima juga berbeda (Wahyu 5:8). Seorang bisa menerima jawaban Allah dalam sebulan sedangkan yang lain sehari.

Lebih jauh lagi, semakin besar pentingnya jawaban Allah

atas doa seseorang, pasti jumlah doanya harus semakin besar. Menurut hukum alam rohani, bejana yang besar akan diuji lebih besar dan muncul sebagai emas sedangkan bejana yang kecil akan diuji pada timbangan yang lebih kecil dan digunakan oleh Allah. Karena itu, tidak boleh ada yang menghakimi orang lain dan berkata, "Lihatlah semua kesukarannya sekalipun ia setia!" dan mengecewakan Allah. Diantara bapa leluhur iman kita, Musa diuji selama 40 tahun dan Yakub selama 20 tahun, dan kita tahu betapa masing-masing mereka menjadi bejana yang indah di mata Allah dan digunakan bagi tujuan-Nya yang besar setelah mereka bertahan mengalami pencobaan-pencobaan mereka sendiri. Pikirkanlah proses pembentukan dan pelatihan tim nasional sepakbola. Jika keterampilan pemain tertentu layak membuatnya masuk daftar pemain, hanya setelah ia menjalani lebih banyak waktu dan usaha yang diinvestasikan dalam latihan ia akan mampu mewakili negaranya.

Baik jawaban yang kita cari dari Allah besar atau kecil, kita harus menggerakkan hatinya untuk menerima jawaban-Nya. Dalam berdoa untuk menerima apa pun yang kita minta, Allah akan tergerak dan menjawab kita apabila kita memberikan kepada-Nya jumlah doa yang sesuai, membersihkan hati kita agar tidak ada dinding dosa yang memisahkan antara Allah dan kita, dan memberi ucapan syukur, sukacita, persembahan dan lain sebagainya kepada-Nya sebagai tanda iman kita kepada-Nya.

2. Hubungan Antara Hukum Alam Rohani dengan Ketujuh Roh

Seperti yang telah kita selidiki tentang perumpamaan tukang daging dan timbangannya di atas, menurut hukum alam rohani Allah menimbang jumlah doa semua orang tanpa kesalahan dan menentukan apakah orang tersebut telah mengumpulkan jumlah doa yang sesuai. Sementara kebanyakan orang membuat penilaian tentang obyek tertentu hanya berdasarkan apa yang tampak oleh mata mereka., Allah membuat sebuah penilaian yang akurat dengan ketujuh roh (Wahyu 5:6) Dengan kata lain, apabila seseorang dinyatakan layak oleh ketujuh roh, ia diberikan jawaban Allah atas doanya.

Apakah yang diukur oleh ketujuh roh?

Pertama, ketujuh roh mengukur iman seseorang.

Dalam iman, ada iman rohani dan iman kedagingan. Jenis iman yang diukur oleh ketujuh roh bukanlah iman sebagai pengetahuan – iman kedagingan – melainkan iman rohani yang hidup dan disertai oleh perbuatan (Yakobus 2:22) Sebagai contoh, ayah dari anak yang dirasuki oleh roh jahat yang membuatnya bisu datang ke datang kepada Yesus (Markus 9:17). Ketika sang ayah berkata kepada Yesus, "Aku percaya. Tolonglah aku yang tidak percaya ini!" dan mengakui iman kedagingannya "Aku percaya" dan meminta kepada-Nya iman rohani, Allah segera menjawab ayah itu dan menyembuhkan anaknya (Markus

9:18-27).
Tanpa iman tidak mungkin orang berkenan kepada Allah (Ibrani 11:6). Namun, kita bisa memenuhi keinginan hati kita apabila kita berkenan kepada-Nya, dengan iman yang berkenan kepada Allah kita bisa mencapai keinginan hati kita. Karena itu, jika kita tidak menerima jawaban Allah sekalipun ia telah berkata kepada kita, *"Jadilah kepadamu seperti yang engkau imani,"* itu berarti bahwa iman kita belum utuh (Matius 7:7).

Kedua, ketujuh roh mengukur sukacita seseorang.

Karena 1 Tesalonika 5:16 mengatakan kepada kita untuk senantiasa bersukacita, merupakan kehendak Allah agar kita senantiasa bersukacita. Bukannya bersukacita di masa-masa sulit, banyak orang Kristen sekarang ini yang menemukan diri mereka terkurung dalam kecemasan, ketakutan, dan kekuatiran. Jika mereka sungguh-sungguh percaya kepada Allah yang hidup dengan segenap hati mereka, mereka akan selalu bisa bersukacita tak peduli apa pun situasi yang melingkupi mereka. Mereka bisa bersukacita dalam kesungguhan iman di dalam kerajaan surgawi yang kekal, bukan di dalam dunia yang akan berlalu dalam waktu yang singkat.

Ketiga, ketujuh roh mengukur doa seseorang.

Karena Allah meminta kita kita tetap berdoa (1 Tesalonika 5:17) dan berjanji untuk memberikan kepada mereka yang meminta kepada-Nya (Matius 7:7), maka masuk akal untuk menerima dari Allah apa pun yang kita minta dalam doa.

Jenis doa yang berkenan kepada Allah memerlukan doa yang terus-menerus (Lukas 22:39) dan berlutut untuk berdoa sesuai dengan kehendak Allah. Dengan sikap dan postur seperti itu, Anda akan secara alami berseru kepada Allah dengan segenap hati dan doa Anda akan menjadi doa iman dan kasih. Allah memeriksa doa semacam ini. Janganlah kita berdoa hanya jika kita menginginkan sesuatu atau saat kita berduka dan mengoceh dalam doa kita, melainkan berdoa sesuai dengan kehendak Allah (Lukas 22:39-41).

Keempat, ketujuh roh mengukur pengucapan syukur seseorang.

Karena Allah memerintahkan kita untuk mengucap syukur dalam segala hal (1 Tesalonika 5:18), barangsiapa yang memiliki iman harus secara alami mengucap syukur dalam segala segala hal dengan segenap hati. Sebab Ia telah memindahkan kita dari jalan menuju kehancuran ke dalam jalan menuju kehidupan kekal, bagaimana bisa kita tidak mengucap syukur? Kita harus mengucap syukur karena Allah menemui orang-orang yang sungguh-sungguh mencari Dia dan menjawab orang-orang yang bertanya kepada-Nya. Akhirnya, bahkan sekalipun kita menghadapi kesulitan sepanjang kehidupan kita yang singkat di dunia ini, kita harus bersyukur atas pengharapan kita dalam surga yang kekal.

Kelima, ketujuh roh mengukur apakah seseorang berpegang atau tidak pada perintah-perintah Allah.

1 Yohanes 5:12 berkata kepada kita, *"Barangsiapa memiliki Anak, ia memiliki hidup; barangsiapa tidak memiliki Anak, ia tidak memiliki hidup,"* dan ayat berikutnya mengingatkan kita bahwa perintah-perintah Allah tidaklah berat. Doa seseorang yang rutin berlutut dan berseru kepada Allah merupakan doa kasih yang berasal dari hatinya. Dengan iman dan kasihnya kepada Allah, ia akan berdoa seturut firman Allah.

Namun, banyak orang yang mengeluh kekurangan jawaban Allah saat mereka menuju ke arah barat walaupun Alkitab berkata kepada mereka, "Pergilah ke timur." Semua yang perlu mereka lakukan adalah percaya apa yang dikatakan Alkitab dan menaatinya. Karena mereka cepat mengesampingkan firman Allah, menilai setiap situasi menurut pemikiran dan teori mereka sendiri, dan berdoa menurut keuntungan mereka sendiri, Allah memalingkan wajah-Nya dari mereka dan tidak menjawab mereka. Seandainya saja Anda berjanji untuk menjumpai teman Anda di stasiun kereta api kota New York tapi setelahnya Anda menyadari bahwa Anda lebih suka naik bis daripada kereta api, dan kemudian pergi naik bis ke New York. Tak peduli berapa lama Anda menunggu di stasiun bis, apakah Anda akan bertemu dengan teman Anda? Jika Anda pergi ke arah barat bahkan setelah Anda berkata kepada Anda, "Pergilah ke timur," Anda tidak bisa dibilang taat pada-Nya. Namun, sungguh tragis dan menghancurkan hati melihat betapa banyak orang Kristen yang memiliki iman seperti itu. Ini bukanlah iman maupun kasih. Jika kita berkata kita mengasihi Allah, maka sudah seharusnya kita melakukan perintah-perintah-Nya (Yohanes 14:15; 1

Yohanes 5:3).

Kasih akan Allah akan mendorong Anda untuk berdoa dengan lebih rajin dan tekun. Ini pada akhirnya akan menghasilkan buah keselamatan jiwa-jiwa dan penginjilan, dan mewujudkan kerajaan Allah dan kebenarannya. Dan jiwa Anda akan baik-baik saja dan Anda akan menerima kuasa doa. Karena Anda menerima jawaban doa dan memuliakan Allah dan karena Anda percaya semua ini akan mendapatkan upah di surga, Anda akan mengucap syukur dan tidak menjadi kuatir. Jadi, jika kita percaya kepada Allah, sudah seharusnya kita menaati Sepuluh Perintah Allah, rangkuman keenampuluh-enam kitab dalam Alkitab.

Keenam ketujuh roh mengukur kesetiaan seseoang.

Allah ingin kita untuk setia bukan hanya dalam area tertentu namun dalam semua urusan-Nya. Lebih jauh lagi, seperti tertulis dalam 1 Korintus 4:2, *"Yang akhirnya dituntut dari pelayan-pelayan yang demikian ialah, bahwa mereka ternyata dapat dipercayai."* Wajar bagi mereka yang mengemban tugas dari Allah untuk meminta kepada Allah untuk memperkuat mereka agar didapati setia dalam segala hal dan dapat dipercaya oleh orang-orang di sekitar mereka. Sebagai tambahan, mereka harus meminta kesetiaan dalam rumah dan pekerjaan, seiring mereka berjuang untuk setia dalam segala hal yang melibatkan mereka, kesetiaan mereka harus diwujudkan dalam kebenaran.

Ketujuh dan yang terakhir, ketujuh roh mengukur kasih

seseorang. Sekalipun jika seseorang memenuhi keenam standar di atas, Allah berkata kepada kita bahwa tanpa kasih kita 'bukanlah apa-apa' melainkan "simbal yang berdentang," dan bahwa yang terbesar diantara iman, pengharapan, dan kasih adalah kasih. Lebih lanjut, Yesus menggenapi hukum taurat dalam kasih (Roma 13;10) dan sebagai anak-anak-Nya benar bagi kita untuk mengasihi satu sama lain.

Untuk menerima jawaban Allah atas doa kita, pertama-tama kita harus layak apabila diukur menurut standar-standar ketujuh roh. Apakah ini berarti bahwa orang percaya baru, yang belum mengetahui kebenaran, tidak bisa menerima jawaban Allah?

Seandainya seorang balita yang belum bisa berbicara suatu hari mengucapkan dengan sangat jelas, "Mama!" Orangtuanya akan sangat senang dan memberikan kepada anaknya apa pun yang diinginkannya.

Demikian pula, karena ada level iman yang berbeda-beda, ketujuh roh mengukur masing-masing level iman dan menjawabnya dengan sesuai. Karena itu, sementara Allah tergerak dan senang untuk menjawab seorang pemula bahkan saat ia menunjukkan iman yang kecil, Allah juga tergerak dan senang untuk menjawab ketika orang-orang percaya pada level iman kedua dan ketiga telah mengakumulasi ukuran iman yang sesuai. Orang-orang percaya yang berada pada tingkat iman keempat atau kelima, saat mereka hidup sesuai kehendak Allah dan berdoa dengan cara yang semakin berkenan kepada-Nya, dengan segera memenuhi kualifikasi dalam pandangan ketujuh roh dan menerima jawaban Allah dengan lebih cepat.

Singkatnya, semakin tinggi level iman seseorang – seperti ia yang semakin sadar akan hukum alam rohani dan hidup menurutnya – semakin cepat ia menerima jawaban Allah. Namun, dengan alasan apa pemula seringkali menerima jawaban Allah dengan lebih cepat? Dengan anugerah yang ia terima dari Allah, seorang percaya baru menjadi dipenuhi oleh Roh Kudus dan layak dalam pandangan ketujuh roh dan dengan demikian menerima jawaban Allah dengan lebih cepat.

Tetapi, saat ia masuk semakin dalam ke dalam kebenaran dan menjadi malas dan perlahan-lahan kehilangan kasih mula-mula seiring antusiasme yang pernah ia miliki menjadi dingin dan sebuah kecenderungan "lakukan saja sambil lalu" berkembang.

Dalam kasih kita terhadap Allah, marilah kita menjadi layak dalam pandangan ketujuh roh dengan tekun hidup menurut kebenaran, menerima apa pun yang kita minta dari Bapa kita dalam doa, dan menjalani hidup yang diberkati dimana kita memuliakan Dia!

Bab 4

Hancurkan Dinding Dosa

"Sesungguhnya,
tangan TUHAN tidak kurang panjang untuk menyelamatkan,
dan pendengaran-Nya tidak kurang tajam untuk mendengar.
Tetapi yang merupakan pemisah antara kamu
dan Allahmu ialah segala kejahatanmu,
dan yang membuat Dia menyembunyikan diri terhadap kamu,
sehingga Ia tidak mendengar,
ialah segala dosamu."

Yesaya 59:1-2

Allah mengatakan kepada anak-anak-Nya dalam Matius 7:7-8, *"Mintalah, maka akan diberikan kepadamu; carilah, maka kamu akan mendapat; ketoklah, maka pintu akan dibukakan bagimu. Karena setiap orang yang meminta, menerima dan setiap orang yang mencari, mendapat dan setiap orang yang mengetok, baginya pintu dibukakan"* dan berjanji untuk menjawab doa mereka. Namun, mengapa banyak orang gagal menerima jawaban Allah atas doa mereka sekalipun ada janji Allah?

Allah tidak mendengar doa para pendosa; Ia memalingkan wajah-Nya dari mereka. Ia juga tidak dapat menjawab doa orang yang memiliki dinding dosa yang merintangi jalan mereka menuju Allah. Karena itu, untuk menikmati kesehatan yang baik dan agar segala sesuatu berjalan baik bagi kita saat jiwa baik-baik saja, menghancurkan dinding dosa yang menghalangi jalan menuju Allah harus menjadi prioritas.

Dengan menyelidiki elemen-elemen yang mengambil bagian dalam membangun dinding dosa, saya mendorong Anda untuk menjadi anak-anak Allah yang diberkati yang bertobat dari dosa-dosanya jika ada dinding dosa yang memisahkan antara Allah dan dirinya, menerima segala hal yang diminta kepada Allah dalam doa dan memuliakan Dia.

1. Hancurkan Dinding Ketidakpercayaan Anda Kepada Allah dan yang Tidak Menerima Tuhan sebagai Juru Selamat

Alkitab mengatakan bahwa adalah dosa jika seseorang tidak percaya kepada Allah dan tidak menerima Yesus Kristus sebagai juru selamatnya (Yohanes 16:9) Banyak orang berkata, "Saya tidak berdosa karena saya menjalani hidup dengan baik," tetapi dalam ketidaktahuan rohani mereka membuat pernyataan seperti itu tanpa tahu tabiat dosa. Karena firman Allah tidak ada di dalam hati mereka, individu-individu ini tidak tahu perbedaan antara kebenaran sejati dan kesalahan sejati dan tidak bisa membedakan yang baik dari yang jahat. Kemudian, tanpa tahu kebenaran sejati, jika standar dunia ini mengatakan kepada mereka, "Anda tidak sejahat itu," mereka bisa berkata tanpa ragu bahwa mereka baik. Tak peduli seberapa baik seseorang meyakini ia telah hidup, apabila ia melihat hidupnya ke belakang di bawah terang firman Allah setelah menerima Yesus Kristus, ia akan menemukan bahwa hidupnya tidaklah "baik" sama sekali. Ini karena ia menyadari bahwa ketidakpercayaannya kepada Allah dan tidak menerima Yesus Kristus merupakan dosa terbesar di antara semua dosa. Allah wajib menjawab doa orang yang telah menerima Yesus Kristus dan menjadi anak-anak-Nya, sementara anak-anak Allah memiliki hak untuk menerima jawaban-Nya atas doa mereka sesuai dengan janji-Nya.

Alasan anak-anak Allah-yang percaya kepada-Nya dan telah menerima Yesus Kristus sebagai Juru Selamat mereka – tidak mampu menerima jawaban atas doa mereka adalah karena mereka gagal mengenali kehadiran sebuah dinding yang tumbuh dari dosa dan kejahatan mereka, berdiri di antara Allah dan diri mereka. Itulah sebabnya sekalipun mereka berpuasa dan berdoa semalaman, Allah memalingkan wajah-Nya dari mereka dan tidak menjawab mereka.

2. Hancurkan Dinding Kegagalan Mengasihi Satu Sama Lain

Allah mengatakan kepada kita bahwa sudah seharusnya anak-anak-Nya untuk mengasihi satu sama lain (1 Yohanes 4:11). Sebagai tambahan, karena Ia mengatakan untuk mengasihi musuh kita sekalipun (Matius 5:44), membenci saudara kita dan bukannya mengasihinya adalah tidak menaati firman Allah dan dengan demikian menimbulkan dosa.

Sebab Yesus Kristus telah menunjukkan kasih-Nya melalui penyaliban demi umat manusia yang terkurung dalam dosa dan kejahatan, maka benar bagi kita untuk mengasihi orangtua kita, saudara kita, dan anak-anak kita. Namun, merupakan dosa yang sangat buruk untuk menyimpan emosi konyol seperti kebencian dan ketidakmauan untuk saling memaafkan. Allah telah memerintahkan kita untuk menunjukkan kepada-Nya jenis kasih dimana Yesus mati di kayu salib untuk menebus manusia dari dosa-dosanya; Ia hanya meminta kita untuk mengubah kebencian menjadi pengampunan terhadap orang lain. Mengapa, kemudian, ini sangat sulit? Allah berkata kepada kita bahwa barangsiapa yang membenci saudaranya adalah seorang "pembunuh" (1 Yohanes 3:15), dan bahwa Allah akan memperlakukan kita dengan cara yang sama kecuali kita mengampuni saudara kita (Matius 18:35), dan mendorong kita untuk memiliki kasih dan jangan bersungut-sungut dan saling mempersalahkan untuk menghindari penghakiman (Yakobus 5:9).

Karena Roh Kudus tinggal di dalam masing-masing kita, melalui kasih Yesus Kristus yang disalibkan dan yang telah menebus kita dari dosa-dosa kita di masa lalu, sekarang, dan di masa depan, dan menerima pengampunannya. Tetapi karena orang-orang di dunia ini tidak percaya kepada Yesus Kristus, tidak ada pengampunan bagi mereka sekalipun mereka bertobat, dan mereka tidak mampu berbagi kasih sejati satu sama lain tanpa tuntunan Roh Kudus.

Sekalipun jika saudaramu membencimu, Anda harus memiliki hati yang tetap memegang kebenaran, memahami dan mengampuninya, dan berdoa untuk dia dalam kasih, sehingga Anda tidak menjadi pendosa. Jika kita membenci saudara kita dan bukannya mengasihi mereka, kita berdosa di hadapan Allah, kehilangan kepenuhan Roh Kudus, menjadi malang dan bodoh dengan menghabiskan hari-hari ini dengan meratap. Dan jangan berharap Allah menjawab doa kita.

Hanya dengan pertolongan Roh Kudus kita bisa mengasihi, memahami, dan mengampuni saudara-saudara kita dan menerima dari Allah apa pun yang kita minta dalam, doa.

3. Hancurkan Dinding Dosa Ketidaktaatan Pada Perintah Allah

Dalam 1 Yohanes 14:21 Yesus mengatakan kepada kita, *"Barangsiapa memegang perintah-Ku dan melakukannya, dialah yang mengasihi Aku, ia akan dikasihi oleh Bapa-Ku dan aku pun akan mengasihi dia dan akan menyatakan diri-Ku kepadanya."* Untuk alasan ini, 1 Yohanes 3:21 mengatakan kepada kita bahwa *"Saudara-saudaraku yang kekasih, jikalau hati kita tidak menuduh kita, maka kita mempunyai keberanian percaya untuk mendekati Allah."* Dengan kata lain, jika dinding dosa telah tercipta akibat ketidaktaatan kita pada perintah-perintah Allah, kita tidak dapat menerima jawaban-Nya atas doa kita. Hanya apabila anak-anak Allah menaati perintah Bapanya dan melakukan apa yang berkenan kepadanya mereka bisa meminta apa pun yang mereka inginkan dengan penuh keyakinan dan menerima apa pun yang mereka minta.

1 Yohanes 3:24 mengingatkan kita, *"Barangsiapa menuruti segala perintah-Nya, ia diam di dalam Allah dan Allah di dalam dia. Dan demikianlah kita ketahui, bahwa Allah ada di dalam kita, yaitu Roh yang telah Ia karuniakan kepada kita."* Ayat ini menekankan bahwa hanya bila hati seseorang dipenuhi oleh kebenaran dengan memberikan segenap hatinya kepada Tuhan dan hidup dengan tuntunan Roh Kudus, ia bisa

menerima apa pun yang ia minta dan hidupnya berhasil dalam segala hal. Misalnya, seandainya ada seratus ruangan dalam hati seseorang dan ia memberi seluruhnya kepada Tuhan, jiwanya akan baik-baik saja dan menerima berkat segala sesuatu berjalan baik bagi dia. Namun, jika orang yang sama memberikan lima puluh ruang di hatinya kepada Tuhan dan menggunakan lima puluh ruang lainnya bagi dirinya sendiri, ia tidak akan selalu bisa menerima jawaban Allah karena ia hanya akan menerima tuntunan Roh Kudus separuh waktu sementara ia lima puluh ruang yang lain untuk meminta kepada Allah berdasarkan pemikirannya atau menurut hawa nafsu daging. Karena Tuhan kita tinggal dalam setiap kita, sekalipun ada rintangan di hadapan kita ia akan memperkuat kita untuk mengelilinginya atau melewatinya. Sekalipun kita berjalan di dalam lembah kekelaman Ia akan memberi kita jalan untuk menghindarinya, bekerja untuk kebaikan kita dalam segala hal, dan memimpin jalan-jalan kita menuju keberhasilan.

Apabila kita berkenan kepada Allah dengan menaati perintah-perintah-Nya, kita hidup di dalam Allah dan Ia hidup di dalam kita, dan kita bisa memuliakan Dia saat kita menerima semua yang kita minta di dalam doa. Marilah kita menghancurkan dinding dosa ketidaktaatan pada perintah-perintah Allah, mulai menaati perintah-perintah tersebut, menjadi yakin di hadapan Allah, dan memuliakan Dia dengan menerima semua yang kita minta.

4. Hancurkan Dinding Dosa Berdoa untuk Memuaskan Nafsu Anda

Allah berkata kepada kita untuk melakukan segala sesuatu untuk kemuliaan-Nya (1 Korintus 10:31). Jika kita berdoa selain untuk kemuliaan-Nya, kita sedang berupaya memuaskan nafsu dan keinginan daging kita, dan kita tidak bisa menerima jawaban atas permintaan semacam itu (Yakobus 4:3).

Di satu sisi, jika Anda meminta berkat-berkat materi untuk kerajaan Allah dan kebenaran-Nya, menolong orang miskin, dan upaya keselamatan jiwa-jiwa, Anda akan menerima jawaban Allah karena pada dasarnya Anda mencari kemuliaan-Nya.

Di sisi lain, jika Anda meminta berkat-berkat materi dengan harapan bisa membual di hadapan saudara yang berkata kepada Anda, "Bagaimana bisa Anda miskin padahal Anda pergi ke gereja?" pada dasarnya Anda berdoa dengan jahat untuk memuaskan nafsu Anda, dan tidak akan ada jawaban bagi doa Anda. Bahkan di dunia ini pun, orangtua yang benar-benar mengasihi anak mereka tidak akan memberikan 100 dollar pada anaknya untuk diboroskan di pertokoan. Begitu pula, Allah tidak menginginkan anak-anak-Nya untuk berjalan di jalan yang salah dan inilah alasan Ia tidak menjawab setiap permintaan yang dibuat anak-anak-Nya.

Yohanes 5:14-15 mengatakan kepada kita, *"Ini adalah keberanian percaya kita kepada-Nya yaitu bahwa, jika kita meminta sesuatu menurut kehendak-Nya, Ia akan mengabulkannya. Dan jikalau kita tahu bahwa Ia mengabulkan apa saja yang kita minta, maka kita tahu bahwa kita telah memperoleh sesuatu yang telah kita minta kepada-Nya."* Hanya apabila kita membuang nafsu kita dan berdoa menurut kehendak Allah dan untuk kemuliaan-Nya, kita akan menerima apa pun yang kita minta dari pada-Nya dalam doa.

5. Hancurkan Dinding Dosa Kebimbangan Dalam Doa

Karena Allah berkenan bila kita menunjukkan iman kita kepada-Nya, tanpa iman tidak mungkin orang berkenan kepada Allah (Ibrani 11:6). Bahkan di Alkitab kita bisa menemukan banyak kejadian dimana jawaban Allah dinyatakan kepada orang-orang yang menunjukkan iman mereka kepada Allah (Matius 20:29-34; Markus 5:22-43, 9:17-27, 10:46-52). Ketika orang gagal menunjukkan iman mereka kepada Allah, mereka ditegur karena "kurang percaya" sekalipun mereka adalah murid-murid Yesus (Matius 8:23-27). Ketika orang menunjukkan imannya yang besar kepada-Nya, orang bukan Yahudi sekalipun dipuji (Matius 15:28).

Allah menegur orang-orang yang tidak bisa percaya tapi malah ragu walau hanya sedikit saja (Markus 9:16-29), dan berkata kepada kita bahwa jika kita menyimpan sedikit saja kebimbangan saat berdoa, kita tidak boleh mengira bahwa kita akan menerima sesuatu dari Tuhan (Yakobus 1:6-7). Dengan kata lain, sekalipun Anda berpuasa dan berdoa sepanjang malam, jika doa Anda dipenuhi kebimbangan, Anda jangan berharap untuk menerima jawaban Allah. Lebih lanjut, Allah mengingatkan kita, *"Aku berkata kepadamu: Sesungguhnya barangsiapa berkata kepada gunung ini: Beranjaklah dan tercampaklah ke dalam laut! asal tidak bimbang hatinya, tetapi percaya, bahwa apa yang dikatakannya itu akan terjadi, maka hal itu akan terjadi baginya. Karena itu Aku berkata kepadamu, apa saja yang kamu minta dan doakan, percayalah bahwa kamu telah menerimanya, maka hal itu akan diberikan kepadamu"* (Markus 11:23-24).

Karena *"Allah bukanlah manusia, sehingga Ia berdusta bukan anak manusia, sehingga Ia menyesal"* (Bilangan 23:19), sebagaimana yang dijanjikan Allah memberikan jawaban atas doa semua orang yang percaya kepada-Nya dan meminta kemuliaan-Nya. Orang yang mengasihi Allah dan memiliki iman pasti percaya dan mencari kemuliaan Allah dan itulah sebabnya mereka disuruh meminta apa pun yang mereka inginkan. Saat mereka percaya, meminta, dan menerima jawaban atas apa pun yang mereka minta, orang-orang ini bisa memuliakan Allah. Marilah kita membuang kebimbangan dari dalam diri kita melainkan percaya, meminta, dan menerima dari Allah sehingga kita bisa memuliakan Allah dengan segenap hati kita.

6. Hancurkan Dinding Dosa Tidak Menabur di Hadapan Allah

Sebagai penguasa segala sesuatu di alam semesta, Allah telah menetapkan hukum alam rohani dan sebagai seorang hakim yang adil membimbing semuanya dalam keteraturan.

Raja Darius tidak bisa menyelamatkan Daniel hamba yang dikasihinya dari kandang singa karena, sekalipun sebagai raja, ia tidak bisa melanggar keputusan yang telah ia tuliskan. Demikianlah, karena Allah tidak bisa melanggar hukum alam rohani yang telah Ia tetapkan sendiri, segala sesuatu di alam semesta ini berjalan dengan sistematis di bawah pengawasan-Nya. Karena itu, "Allah tidak bisa dipermainkan" dan mengizinkan seseorang untuk menuai apa pun yang ia tabur (Galatia 6:7). Jika seseorang menabur doa, ia menerima berkat rohani, jika ia menabur waktu, ia menerima berkat kesehatan yang baik, jika ia menabur persembahan, Allah menjauhkan dia dari masalah dalam usahanya, pekerjaannya, dan rumah, dan bahkan memberikan berkat materi yang lebih besar.

Apabila kita menabur di hadapan Allah dengan berbagai cara, Ia menjawab doa kita dan memberikan apa pun yang kita minta. Dengan tekun menabur di hadapan Allah, marilah kita tidak saja menghasilkan buah yang melimpah tapi juga menerima apa pun yang kita minta dari-Nya dalam doa.

Sebagai tambahan atas enam dinding dosa yang disebutkan

di atas, "dosa" termasuk keinginan dan perbuatan daging yang tidak benar seperti iri hati, amukan, kemarahan, dan kesombongan, tidak melawan dosa hingga titik menumpahkan darah dan tidak tekun bekerja bagi kerajaan Allah. Dengan mempelajari dan memahami berbagai faktor yang mendirikan dinding yang memisahkan antara Allah dengan kita, marilah kita menghancurkan dinding dosa dan selalu menerima jawaban Allah, dan dengan demikian memuliakan Allah. Setiap kita harus menjadi orang-orang percaya yang menikmati kesehatan yang baik dan segala urusan kita berjalan baik sebagaimana jiwa kita baik-baik saja.

Berdasarkan firman Allah yang ditemukan di Yesaya 59:1-2, kita telah memeriksa sejumlah faktor yang menciptakan dinding dosa antara Allah dan kita. Semoga masing-masing Anda menjadi anak Allah yang diberkati yang pertama-tama memahami sifat alami dinding ini, menikmati kesehatan yang baik dan semua urusan Anda berjalan baik seperti jiwa Anda baik-baik saja, dan memuliakan Bapa surgawi dengan menerima segala sesuatu yang Anda minta dalam doa, dalam nama Yesus Kristus saya berdoa!

Bab 5

Engkau Akan Menuai Apa yang Kautabur

Camkanlah ini:
Orang yang menabur sedikit, akan menuai sedikit juga,
dan orang yang menabur banyak, akan menuai banyak juga.
Hendaklah masing-masing memberikan
menurut kerelaan hatinya,
jangan dengan sedih hati atau karena paksaan,
sebab Allah mengasihi orang
yang memberi dengan sukacita.

2 Korintus 9:6-7

Setiap musim gugur, kita bisa melihat kelimpahan gelombang emas tanaman padi yang matang di sawah. Agar tanaman padi ini bisa dipanen, kita tahu bahwa sebelumnya telah ada kerja keras dan dedikasi petani dimulai dari menanam benih hingga memupuk sawah hingga merawat tanaman padi itu sepanjang musim semi dan musim panas.

Seorang petani yang memiliki sawah yang luas harus bekerja lebih keras dibandingkan petani yang menabur lebih sedikit benih. Namun dalam pengharapan memanen lebih banyak hasil bumi, ia bekerja dengan lebih rajin dan lebih keras. Sama seperti hukum alam yang menyatakan bahwa "Orang menuai apa yang ia tabur," kita harus tahu bahwa hukum Allah yang merupakan Pemilik hukum alam rohani juga memiliki pola yang sama.

Di antara orang-orang Kristen masa kini, sebagian terus meminta Allah untuk memenuhi keinginan mereka tanpa menabur sementara yang lainnya mengeluh kekurangan jawaban Allah sekalipun banyak berdoa. Walaupun Allah ingin memberikan kepada anak-anak-Nya berkat-berkat melimpah dan menjawab setiap masalah mereka, manusia seringkali tidak memahami hukum tabur tuai dan dengan demikian tidak menerima apa yang inginkan dari Allah.

Berdasarkan hukum alam yang mengatakan, "Orang menabur apa yang ia tuai," marilah kita mencari tahu apa yang harus kita tabur dan bagaimana menaburnya agar selalu menerima jawaban Allah dan memuliakan Dia tanpa syarat.

1. Pertama-tama Ladang Harus Dibajak

Sebelum menabur benih, seorang petani harus membajak ladang yang harus ia kerjakan. Ia memungut batu-batu, meratakan tanah, dan membuat sebuah lingkungan dan kondisi dimana benih bisa bertumbuh dengan baik. Berdasarkan kerja keras dan dedikasi petani itu, tanah yang gersang sekalipun bisa diubah menjadi tanah yang subur.

Alkitab mengumpamakan hati setiap orang seperti ladang dan mengelompokkannya ke dalam empat jenis yang berbeda (Matius 13:3-9).

Jenis pertama adalah "ladang di pinggir jalan."

Tanah ladang di pinggir jalan keras. Seorang individu dengan hati yang seperti itu tidak datang ke gereja sekalipun sudah mendengar firman, ia tidak membuka pintu hatinya. Karena itu, ia tidak mampu mengenal Allah, dan karena kurangnya iman, ia tidak mendapatkan pencerahan.

Jenis kedua adalah "ladang yang berbatu-batu."

Di ladang yang berbatu-batu, disebabkan oleh batu-batu di ladang itu, tunas tidak bisa bertumbuh dengan baik. Seorang individu dengan hati semacam ini mengetahui firman hanya sekedar pengetahuan dan imannya tidak disertai perbuatan. Karena ia kurang keyakinan iman, ia segera jatuh di masa-masa pencobaan dan penderitaan.

Jenis ketiga adalah "ladang semak duri."

Di ladang semak duri, karena duri tumbuh dan menghimpit tanaman, buah yang baik tidak dapat dihasilkan. Seorang individu dengan hati yang seperti itu percaya kepada firman Allah dan berusaha hidup sesuai firman Allah, tapi tidak bertindak menurut kehendak Allah melainkan menurut keinginan daging. Karena pertumbuhan firman yang ditabur di hatinya dirusak oleh godaan kekayaan dan keuntungan atau kekuatiran akan dunia ini, ia tidak bisa menghasilkan buah. Walaupun ia berdoa, ia tidak bisa bergantung kepada Allah yang "tidak kelihatan" dan dengan demikian ia cepat untuk melibatkan pemikiran dan cara-caranya sendiri. Itulah sebabnya ia gagal untuk mengalami kuasa Allah karena Allah hanya bisa mengamati orang tersebut dari kejauhan.

Jenis keempat adalah "tanah yang baik."

Seorang percaya dengan ladang yang baik ini hanya berkata "Amin" kepada sesuatu yang merupakan firman Allah dan menaati dengan iman tanpa melibatkan pemikirannya atau pun membuat perhitungan. Saat benih ditabur di tanah yang baik ini, benih itu bertumbuh dengan baik dan berbuah seratus kali, enam puluh kali, dan tiga puluh kali lipat dari yang ditabur.

Yesus hanya berkata "Amin" dan taat pada firman Allah (Filipi 2:5-8). Demikianlah, seorang individu dengan hati "tanah yang baik" taat tanpa syarat pada firman Allah dan hidup menurut firman Allah. Jika firman berkata kepadanya untuk selalu bersukacita, ia bersukacita dalam segala keadaan. Jika firman berkata kepadanya untuk tetap berdoa, ia berdoa terus-menerus. Seorang yang memiliki hati "tanah yang baik" bisa selalu berkomunikasi dengan Allah, menerima apa pun yang ia minta dalam doa, dan hidup sesuai kehendak-Nya.

Tak peduli jenis ladang apa yang kita miliki saat ini, kita selalu bisa mengubahnya menjadi tanah yang baik. Kita bisa membajak tanah yang berbatu-batu, memungut batu-batu, menyingkirkan semak duri, dan memupuk ladang apa pun.

Bagaimana kita bisa membajak hati kita menjadi "tanah yang baik"?

Pertama, kita harus menyembah dalam roh dan kebenaran.

Kita harus memberikan segenap akal budi, keinginan, dedikasi, dan kekuatan dan di dalam kasih mempersembahkan hati kita kepada-Nya. Hanya dengan demikian kita akan dilindungi dari pikiran-pikiran malas, kelelahan, dan rasa kantuk dan mampu mengubah hati kita menjadi tanah yang baik dengan kuasa yang datang dari atas.

Kedua, kita harus membuang dosa sampai titik mengucurkan darah.

Saat kita sepenuhnya taat pada firman Allah, termasuk semua perintah "lakukan ini" dan "Jangan lakukan itu", dan hidup menurut firman, perlahan-lahan hati kita akan berubah menjadi tanah yang baik. Sebagai contoh, saat iri hati, cemburu, kebencian dan lain sebagainya ditemukan, hanya dengan doa yang penuh kesungguhan hati kita akan berubah menjadi tanah yang baik.

Sebanyak kita menguji ladang hati kita dan dengan rajin membajaknya, iman kita tumbuh semakin besar dan di dalam kasih Allah semua urusan kita berjalan dengan baik. Kita harus dengan tekun membajak tanah kita karena semakin kita hidup menurut firman Allah, semakin tumbuh iman rohani kita. Semakin iman rohani kita tumbuh, "tanah yang semakin baik" kita miliki. Untuk itu kita harus semakin rajin membajak hati kita.

2. Taburlah Benih Yang Berbeda

Bila tanah sudah dibajak, petani mulai menabur benih. Sama seperti kita mencerna bermacam-macam makanan seimbang untuk mempertahankan kesehatan kita, petani menanam dan menumbuhkan berbagai benih yang berbeda seperti padi, gandum, sayur-mayur, biji-bijian, dan lain sebagainya.

Dalam hal menabur di hadapan Allah, kita harus menabur banyak hal berbeda. "Menabur" secara rohani mengacu pada menaati apa yang Allah suruh untuk kita "Lakukan." Misalnya, jika Allah berkata kepada kita untuk selalu bersukacita, kita bisa menabur dengan sukacita kita yang berasal dari pengharapan kita akan surga, dan Allah disenangkan oleh sukacita ini dan Ia memberikan kepada kita keinginan hati kita (Mazmur 37:4). Jika

Ia berkata kepada kita untuk "Memberitakan Injil," kita harus dengan rajin memberitakan firman Allah. Jika Ia mengatakan kepada kita untuk "Mengasihi satu sama lain," "Setia," "Bersyukur," dan "Berdoa," kita harus melakukan dengan tepat dan dengan tekun apa yang diperintahkan kepada kita.

Sebagai tambahan, karena hidup menurut firman Allah seperti memberikan persepuluhan dan menguduskan hari Sabat merupakan tindakan menabur di hadapan Dia, apa yang kita tabur bisa bertunas, bertumbuh dengan baik, mekar, dan menghasilkan buah yang melimpah.

Jika kita menabur dengan irit, dengan ogah-ogahan, atau di bawah paksaan, Allah tidak menerima upaya kita. Sama seperti petani menabur benihnya dengan harapan akan panen yang baik di musim gugur, dengan iman kita juga harus percaya dan mengarahkan pandangan kita kepada Allah yang memberkati kita seratus, enam puluh, atau tiga puluh kali lipat dari yang kita tabur.

Ibrani 11:6 mengatakan, *"Tetapi tanpa iman tidak mungkin orang berkenan kepada Allah, sebab barangsiapa berpaling kepada Allah, ia harus percaya bahwa Allah ada, dan bahwa Allah memberi upah kepada orang yang sungguh-sungguh mencari Dia."* Menaruh kepercayaan kita dalam firman-Nya, saat kita memandang kepada Allah kita yang memberi upah dan menabur di hadapan-Nya, kita bisa menuai dengan melimpah di dunia ini dan menyimpan upah kita di kerajaan surga.

3. Ladang Harus Dipelihara dalam Ketekunan dan dengan Dedikasi

Setelah menabur benih, petani memelihara ladang itu dengan penuh perhatian. Ia mengairi tanaman itu, menyiangi, dan menghalau serangga. Tanpa upaya yang tekun seperti itu, tanaman bisa saja bertumbuh tapi layu dan mati sebelum menghasilkan buah.

Secara rohani, "air" adalah firman Allah. Seperti yang Yesus katakan dalam Yohanes 4:14, *"Tetapi barangsiapa minum air yang akan aku berikan kepadanya, akan menjadi mata air di dalam dirinya, yang terus-menerus memancar sampai kepada hidup yang kekal"*, air melambangkan kehidupan kekal dan kebenaran. "Menghalau serangga" berarti menjaga firman Allah yang ditanam di ladang kita dari iblis dan Setan. Melalui penyembahan, pujian, dan doa kepenuhan hati kita bisa dipertahankan sekalipun jika iblis datang dan mengganggu ladang pekerjaan kita.

"Menyiangi ladang" adalah proses dimana kita membuang ketidakbenaran seperti kemarahan, kebencian, dan lain sebagainya. Saat kita berdoa dengan tekun dan berjuang untuk membuang kemarahan dan kebencian, kemarahan tercabut saat benih kelembutan tumbuh dan kebencian tercabut saat benih kasih tumbuh. Saat ketidakbenaran telah disiangi dan iblis yang mengganggu dihalau, kita bisa bertumbuh sebagai anak-anak-Nya yang sejati.

Satu faktor penting dalam merawat ladang setelah ditaburi

benih adalah menunggu waktu yang tepat dalam ketekunan. Jika petani menggali tanah tak lama setelah menabur benih untuk melihat apakah tanamannya bertunas atau tidak, benih itu akan mudah busuk. Hingga musim panen, dibutuhkan dedikasi dan ketekunan yang besar.

Waktu yang dibutuhkan untuk menghasilkan buah berbeda antara benih yang satu dengan yang lainnya. Melon maupun semangka bisa berbuah dalam waktu kurang dari setahun, pohon apel dan pir butuh waktu beberapa tahun. Sukacita seorang petani ginseng akan jauh lebih besar melebihi sukacita seorang petani semangka, karena nilai ginseng yang ditanam bertahun-tahun tidak bisa dibandingkan dengan nilai semangka yang ditanam dalam waktu yang lebih pendek.

Begitu pula, apabila kita menabur di hadapan Allah menurut firman-Nya, suatu waktu kita bisa saja menerima jawabannya dengan segera dan memanen buahnya tapi di waktu yang lain, kita harus ingat bahwa dibutuhkan lebih banyak waktu. Seperti yang diingatkan Galatian 6:9, *"Janganlah kita jemu-jemu berbuat baik, karena apabila sudah datang waktunya, kita akan menuai, jika kita tidak menjadi lemah,"* sampai masa penuaian kita harus menanami ladang kita dengan tekun dan penuh dedikasi.

4. Engkau Menuai Apa yang Kautabur

Dalam Yohanes 12:24 Yesus mengatakan kepada kita, *"Aku*

berkata kepadamu: Sesungguhnya jikalau biji gandum tidak jatuh ke dalam tanah dan mati, ia tetap satu biji saja; tetapi jika ia mati, ia akan menghasilkan banyak buah." Menurut hukum-Nya, Allah atas keadilan menanam Yesus Kristus anak-Nya yang tunggal sebagai korban penebus umat manusia dan mengizinkannya menjadi biji gandum, jatuh, dan mati. Melalui kematian-Nya, Yesus menghasilkan banyak buah.

Hukum alam rohani, mirip dengan hukum alam yang berkata,"Engkau menuai apa yang kautabur," adalah hukum Allah yang tidak bisa dilanggar. Galatia 6:7 secara eksplisit mengatakan kepada kita, *"Jangan sesat, Allah tidak membiarkan diri-Nya dipermainkan, karena apa yang ditabur orang, itu juga yang akan dituainya. Sebab barangsiapa menabur dalam dagingnya, ia akan menuai kebinasaan dari dagingnya, tetapi barangsiapa menabur dalam Roh, ia akan menuai hidup yang kekal dari Roh itu."*

Saat petani menabur benih di ladangnya, tergantung jenis benihnya, ia bisa memanen hasil tanamannya lebih cepat dan terus menabur benih sementara ia menuai. Semakin banyak yang ditabur petani itu dan semakin rajin ia merawat ladangnya, semakin banyak hasil tanaman yang akan ia panen. Begitu pula, dalam hubungan kita dengan Allah sekalipun, kita menuai apa yang kita tabur.

Jika Anda menabur doa dan pujian, dengan kuasa yang dari atas anda bisa hidup sesuai firman sementara jiwa Anda baik-baik saja. Jika Anda setia bekerja bagi kerajaan Allah, penyakit apa pun akan meninggalkan Anda saat Anda menerima berkat-berkat dalam daging dan dalam roh. Jika Anda dengan tekun menabur dengan harta milik Anda, persepuluhan, dan persembahan syukur, Ia akan memberikan berkat materi yang lebih besar dimana Allah memampukan Anda untuk menggunakannya bagi kerajaan dan kebenaran-Nya.

Tuhan kita, yang mengganjar tiap-tiap orang menurut perbuatannya, mengatakan dalam Yohanes 5:29, *"Dan mereka yang telah berbuat baik akan keluar dan bangkit untuk hidup yang kekal, tetapi mereka yang telah berbuat jahat akan bangkit untuk dihukum."* Jadi, kita mesti hidup dengan pimpinan Roh Kudus dan melakukan yang baik dalam hidup kita.

Jika seseorang menabur bukan untuk Roh Kudus melainkan untuk keinginannya sendiri, ia hanya bisa menuai hal-hal dari dunia ini yang pada akhirnya akan musnah. Jika Anda mengukur dan menghakimi orang lain, Anda juga akan diukur dan dihakimi sesuai dengan firman Allah yang berkata bahwa *"Jangan kamu menghakimi, supaya kamu tidak dihakimi. Karena dengan penghakiman yang kamu pakai untuk menghakimi, kamu akan dihakimi dan ukuran yang kamu pakai untuk mengukur, akan diukurkan kepadamu"* (Matius 7:1-2).

Allah mengampuni semua dosa yang kita lakukan sebelum kita menerima Yesus Kristus. Tapi jika kita berbuat dosa setelah mengetahui kebenaran dan tentang dosa, sekalipun kita menerima pengampunan dengan bertobat, kita akan menerima balasan.

Jika Anda telah menabur dosa, sesuai dengan hukum alam rohani, Anda akan menuai buah dosa Anda dan menghadapi pencobaan dan penderitaan.

Ketika Daud yang dikasihi Allah berbuat dosa, Allah berkata kepadanya, *"Mengapa engkau menghina TUHAN dengan melakukan apa yang jahat di mata-Nya?"* dan *"Beginilah firman TUHAN: Bahwasanya malapetaka akan Kutimpakan ke atasmu yang datang dari kaum keluargamu sendiri"* (2 Samuel 12:9, 11) Sekalipun dosa-dosa Daub diampuni saat ia bertobat, "Aku telah berdosa kepada TUHAN," kita juga tahu bahwa Allah mengambil nyawa anak Daud yang dikandung istri Uria (2 Samuel 12:13-15).

Kita harus hidup menurut kebenaran dan melakukan yang baik, mengingat bahwa kita menuai apa yang kita tabur dalam segala hal, menabur bagi Roh Kudus, menerima kehidupan kekal dari Roh Kudus, dan selalu menerima berkat-berkat Allah yang melimpah.

Di dalam Alkitab ada banyak individu-individu yang berkenan kepada Allah dan dengan demikian menerima berkat-berkat-Nya yang melimpah. Karena perempuan Sunem selalu memperlakukan hamba Allah Elisa dengan penghargaan dan rasa hormat tertinggi, ia tinggal di rumah perempuan itu kapan pun ia singgah ke daerah itu. Setelah ia mendiskusikan dengan suaminya tentang mempersiapkan sebuah kamar tamu bagi Elisa, perempuan itu membuat sebuah kamar bagi sang nabi dan menyediakan tempat tidur, meja, kursi, dan sebuah lampu dan membujuk Elisa untuk tinggal di rumahnya (2 Raja-Raja 4:8-10). Elisa sangat tersentuh akan pengabdian perempuan itu. Saat ia mengetahui bahwa suami perempuan itu sudah tua dan mereka tidak memiliki anak, dan memiliki anak dari suaminya merupakan kerinduan perempuan itu, Elisa meminta kepada Allah berkat kelahiran bagi perempuan itu, dan Allah memberikan anak kepadanya setahun kemudian (2 Raja-Raja 4:11-17).

Sebagaimana janji Allah kepada kita dalam Mazmur 37:4, *"Dan bergembiralah karena TUHAN; maka Ia akan memberikan kepadamu apa yang diinginkan hatimu,"* dan kepada perempuan Sunem itu diberikan keinginan hatinya karena ia memperlakukan hamba Allah dengan perhatian dan dedikasi.

Dalam Kisah Para Rasul 9:36-40 tertulis tentang perempuan di kota Yope yang bernama Tabita, ia banyak sekali berbuat baik dan memberikan sedekah. Saai ia jatuh sakit dan mati, murid-murid melaporkan hal tersebut kepada Petrus. Saat ia tiba di tempat kejadian, janda-janda disana menunjukkan kepada Petrus jubah dan pakaian-pakaian lain yang dibuat Tabita untk mereka, dan memohon kepada Petrus untuk menghidupkannya kembali. Peter sangat tersentuh oleh sikap perempuan itu dan dengan sungguh-sungguh berdoa kepada Allah. Saat ia berkata, "Tabita, bangkitlah," ia membuka matanya dan duduk. Karena Tabita telah menabur di hadapan Allah dengan melakukan apa yang baik dan menolong orang miskin, ia menerima berkat hidupnya yang diperpanjang.

Dalam Markus 12:44 tertulis tentang seorang janda miskin yang memberikan semua yang ia miliki kepada Allah. Yesus, yang mengamati orang banyak memberikan persembahan di bait suci, berkata kepada murid-muridnya, *"Sebab mereka semua memberi dari kelimpahannya, tetapi janda ini memberi dari kekurangannya, semua yang ada padanya, yaitu seluruh nafkahnya"* dan memuji janda itu. Tidak sukar untuk mengetahui bahwa janda itu menerima berkat-berkat yang lebih besar di kemudian hari di dalam hidupnya.

Berdasarkan hukum alam rohani, Allah keadilan mengizinkan kita menuai apa yang kita tabur dan memberi upah kepada setiap kita atas apa yang kita lakukan. Karena Allah bekerja sesuai dengan iman tiap-tiap individu saat percaya kepada firman-Nya, kita harus mengerti bahwa kita bisa menerima apa pun yang kita minta di dalam doa. Dengan ini, semoga tiap-tiap Anda memeriksa hati Anda, dengan tekun membajaknya menjadi tanah yang baik, menabur banyak benih, merawatnya dengan tekun dan dengan dedikasi, dan menghasilkan buah yang melimpah, di dalam nama Tuhan kita Yesus Kristus saya berdoa!

Bab 6

Elia Menerima Jawaban Allah Lewat Api

Kemudian berkatalah Elia kepada Ahab: "Pergilah, makanlah dan minumlah, sebab bunyi derau hujan sudah kedengaran." Lalu Ahab pergi untuk makan dan minum. Tetapi Elia naik ke puncak gunung Karmel, lalu ia membungkuk ke tanah, dengan mukanya di antara kedua lututnya. Setelah itu ia berkata kepada bujangnya: "Naiklah ke atas, lihatlah ke arah laut." Bujang itu naik ke atas, ia melihat dan berkata: "Tidak ada apa-apa." Kata Elia: "Pergilah sekali lagi." Demikianlah sampai tujuh kali. Pada ketujuh kalinya berkatalah bujang itu: "Wah, awan kecil sebesar telapak tangan timbul dari laut." Lalu kata Elia: "Pergilah, katakan kepada Ahab: Pasang keretamu dan turunlah, jangan sampai engkau terhalang oleh hujan." Maka dalam sekejap mata langit menjadi kelam oleh awan badai, lalu turunlah hujan yang lebat. Ahab naik kereta lalu pergi ke Yizreel.

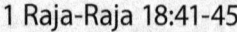

1 Raja-Raja 18:41-45

Abdi kuasa Allah Elia bisa bersaksi bagi Allah yang hidup dan memungkinkan bangsa Israel yang menyembah berhala untuk bertobat dari dosa-dosa mereka dengan jawaban Allah dengan api yang ia minta dan ia terima. Sebagai tambahan, ketika tidak ada turun hujan selama tiga setengah tahun akibat murka Allah atas bangsa Israel, Elia membuat mujizat mengakhiri masa kekeringan dan menurunkan hujan yang lebat.

Jika kita percaya kepada Allah yang hidup, dalam hidup kita juga haris menerima jawaban Allah dengan api seperti Elia, memberi kesaksian tentang Allah, dan memuliakan Allah.

Dengan menyelidiki iman Elia, dengan mana ia menerima jawaban Allah dengan api dan melihat dengan matanya sendiri pemenuhan keinginan hatinya, marilah kita juga menjadi anak-anak Allah yang diberkati yang selalu menerima jawaban Bapa kita dengan api.

1. Iman Elia, Hamba Allah

Sebagai pilihan Allah, bangsa Israel seharusnya hanya menyembah Allah, namun raja-raja mereka mulai melakukan kejahatan di mata Allah dan menyembah berhala. Saat Ahab naik tahta, bangsa Israel mulai melakukan lebih banyak kejahatan, dan penyembahan berhala mencapai puncaknya. Pada titik ini, murka Allah atas Israel berubah menjadi bencana kekeringan selama tiga setengah tahun. Allah menetapkan Elia sebagai hamba-Nya dan melalui dia Allah menyatakan perbuatan-Nya.

Allah berkata kepada Elia, *"Pergilah, perlihatkanlah dirimu kepada Ahab, sebab Aku hendak memberi hujan ke atas muka bumi"* (1 Raja-Raja 18:1).

Musa, yang membawa bangsa Israel keluar dari Mesir, pada mulanya tidak menaati Allah saat Ia memerintahkan Musa untuk menghadap Firaun. Ketika Samuel diminta mengurapi Daud, pada awalnya ia juga tidak menaati Allah. Namun, ketika Allah menyuruh Elia untuk pergi menghadap Ahab, raja yang telah berusaha membunuhnya selama tiga tahun, nabi ini tanpa syarat menaati Allah dan menunjukkan kepada-Nya iman yang berkenan kepada Allah.

Karena Elia taat dan percaya segala sesuatu yang merupakan firman Allah, melalui dia Allah menyatakan perbuatannya lagi dan lagi. Allah berkenan kepada iman ketaatan Elia, mengasihinya, mengakuinya sebagai hamba-Nya, menyertainya kemana pun ia pergi, dan menjamin semua usahanya. Karena Allah mengakui iman Elia, sang nabi itu bisa membangkitkan orang mati, menerima jawaban Allah dengan api, dan diangkat ke surga dalam angin puyuh. Walaupun hanya ada satu Allah yang duduk di tahta surgawi-Nya, Allah Yang Mahakuasa bisa melihat segala sesuatu di dalam alam semesta ini dan membuat perbuatan-Nya nyata dimana pun Ia hadir. Sebagaimana kita temukan dalam Markus 16:20, *"Merekapun pergilah memberitakan Injil ke segala penjuru, dan Tuhan turut bekerja dan meneguhkan firman itu dengan tanda-tanda yang menyertainya,"* apabila seseorang dan imannya dikenali dan dinyatakan oleh Allah, mujizat menyertai jawaban Allah atas doa orang tersebut sebagai sebuah tanda manifestasi pekerjaan-Nya.

2. Elia Menerima Jawaban Allah dengan Api

Karena iman Elia besar dan cukup taat untuk layak menerima pengakuan Allah, sang nabi bisa dengan berani bernubuat tentang kekeringan yang akan segera terjadi di Israel.

Ia bisa menyatakan kepada Ahab sang raja, *"Demi Tuhan yang hidup, Allah Israel, yang kulayani, sesungguhnya tidak akan ada embun atau hujan pada tahun-tahun ini, kecuali kalau kukatakan,"* (1 Raja-Raja 17:1).

Karena Allah sudah tahu bahwa Ahab akan membahayakan hidup Elia yang menubuatkan tentang kekeringan, Allah membawa Elia ke sungai Kerit, menyuruhnya untuk tinggal disana untuk sementara, dan memerintahkan burung gagak untuk membawakannya roti dan daging pada waktu pagi dan petang. Ketika sungai Kerit kering akibat kurangnya hujan, Allah memimpin Elia ke Sarfat dan Allah bekerja melalui seorang janda disana untuk memberi makan Elia.

Saat anak janda itu jatuh sakit, semakin dan bertambah parah keadaannya, dan pada akhirnya mati, Elia berseru kepada Allah dalam doa. *"Ya TUHAN, Allahku! Pulangkanlah kiranya nyawa anak ini ke dalam tubuhnya"* (1 Raja-Raja 17:21)!

Allah mendengar doa Elia, menghidupkan kembali anak itu, dan membiarkannya hidup. Melalui kejadian ini, Allah menyatakan bahwa Elia adalah abdi Allah dan firman Allah yang diucapkannya adalah benar (1 Raja-Raja 17:24). Orang-orang di generasi kita hidup pada masa dimana mereka tidak bisa percaya kecuali mereka melihat tanda dan mujizat (Yohanes 4:48). Sekarang ini untuk menyaksikan Allah yang hidup, setiap kita harus dipersenjatai dengan jenis iman yang Elia miliki dan dengan berani mengambil bagian dalam memberitakan injil Allah.

Sesudah beberapa lama Elia berkata kepada Ahab, *"Demi Tuhan yang hidup, Allah Israel, yang kulayani, sesungguhnya tidak akan ada embun atau hujan pada tahun-tahun ini, kecuali kalau kukatakan"* (1 Raja-Raja 17:1), Allah berkata kepadanya, *"Pergilah, perlihatkanlah dirimu kepada Ahab, sebab Aku hendak memberi hujan ke atas muka bumi"* (1 Raja-Raja 18:1) Kita temukan dalam Lukas 4:25 bahwa *"Dan Aku berkata kepadamu, dan kata-Ku ini benar: Pada zaman Elia terdapat banyak perempuan janda di Israel ketika langit tertutup selama tiga tahun dan enam bulan dan ketika bahaya kelaparan yang hebat menimpa seluruh negeri."* Dengan kata lain, tidak ada hujan di Israel selama tiga setengah tahun. Sebelum Elia menghadap kepada Ahab untuk kedua kalinya, raja itu telah dengan sia-sia mencari Elia bahkan hingga ke negara tetangga, yakin bahwa Elia patut dipersalahkan atas kekeringan selama tiga setengah tahun.

Sekalipun Elia bisa saja dihukum mati pada saat ia pergi menghadap Ahab, ia dengan berani menaati firman Allah. Saat Elia berdiri di hadapan Ahab, sang raja bertanya kepada nabi itu, *"Engkaukah itu, yang mencelakakan Israel?"* (1 Raja-Raja 18:17). Akan hal ini Elia menjawab, *"Bukan aku yang mencelakakan Israel, melainkan engkau ini dan kaum keluargamu, sebab kamu telah meninggalkan perintah-perintah TUHAN dan engkau ini telah mengikuti para Baal"* (1 Raja-Raja 18:18), sampaikanlah kepada raja kehendak Allah, dan jangan pernah takut. Elia mengambil satu langkah lebih jauh lagi dan berkata kepada Ahab, *"Sebab itu, suruhlah mengumpulkan seluruh Israel ke gunung Karmel, juga nabi-nabi Baal yang empat ratus lima puluh orang itu dan nabi-nabi Asyera yang empat ratus itu, yang mendapat makan dari meja istana Izebel"* (1 Raja-Raja 18:19).

Karena Elia menyadari dengan baik bahwa kekeringan yang menimpa Israel disebabkan oleh penyembahan berhala bangsanya, ia menantang 450 nabi-nabi Baal dan berkata, *"Allah yang menjawab dengan api, dialah Allah"* (1 Raja-Raja 18:24). Karena Elia percaya kepada Allah, ia menunjukkan kepada Allah iman dimana ia percaya bahwa Allah akan menjawab dengan api.

Ia kemudian berkata kepada nabi-nabi Baal, *"Pilihlah seekor lembu dan olahlah itu dahulu, karena kamu ini banyak. Sesudah itu panggillah nama allahmu, tetapi kamu tidak boleh menaruh api"* (1 Raja-Raja 18:25). Ketika nabi-nabi Baal tidak menerima jawaban apa pun sejak pagi hingga malam, Elia mengejek mereka.

Elia percaya bahwa Allah akan menjawabnya dengan api, dalam kegembiraan ia menyuruh bangsa Israel membangun mezbah dan menuangkan air ke atas korban bakaran dan ke atas kayu, dan berdoa kepada Allah.

Jawablah aku, ya TUHAN, jawablah aku, supaya bangsa ini mengetahui, bahwa Engkaulah Allah, ya TUHAN, dan Engkaulah yang membuat hati mereka tobat kembali (1 Raja-Raja 18:37).

Saat itu, api TUHAN turun dan menyambar habis korban bakaran, kayu api, batu dan tanah itu, bahkan air yang dalam parit itu habis dijilatnya Ketika seluruh rakyat melihat kejadian itu, sujudlah mereka serta berkata: *"TUHAN, Dialah Allah! TUHAN, Dialah Allah!"* (1 Raja-Raja 18:38-39).

Semua hal ini mungkin karena Elia tidak bimbang sedikit pun saat ia meminta kepada Allah (Yakobus 1:6) dan percaya bahwa ia telah menerima apa yang ia minta dalam doa (Markus 11:24).

Mengapa Elia menyuruh agar air dituangkan ke atas korban bakaran dan kemudian berdoa? Sebab kekeringan telah berlangsung tiga setengah tahun, hal yang paling langka dan paling berharga diantara semua kebutuhan pada waktu itu adalah air. Dengan mengisi empat buyung air dengan menuangkan air itu ke atas korban bakaran sebanyak tiga kali (1 Raja-Raja 18:33-34), Elia menunjukkan imannya kepada

Allah dan memberikan kepada Allah apa yang paling berharga baginya. Allah mengasihi orang yang memberi dengan sukacita (2 Korintus 9:7) tidak hanya membiarkan Elia menuai apa yang telah ia tabur, tapi juga memberikan kepada nabi itu jawaban api dan membuktikan kepada semua bangsa Israel bahwa Allah mereka memang hidup.

Saat kita mengikuti jejak langkah Elia dan menunjukkan iman kita kepada Allah, memberikan kepadanya milik kita yang paling berharga, dan mempersiapkan diri kita untuk menerima jawaban-Nya atas doa kita, kita bisa menyaksikan Allah yang hidup kepada semua orang melalui jawaban-Nya dengan api.

3. Elia mendatangkan Hujan lebat

Setelah menyatakan Allah yang hidup kepada bangsa Israel melalui jawaban-Nya lewat api dan membuat bangsa Israel yang menyembah berhala bertobat, Elia teringat akan sumpahnya kepada Ahab – *"Demi Tuhan yang hidup, Allah Israel, yang kulayani, sesungguhnya tidak akan ada embun atau hujan pada tahun-tahun ini, kecuali kalau kukatakan"* (1 Raja-Raja 17:1). Ia berkata kepada raja, *"Pergilah, makanlah dan minumlah, sebab bunyi derau hujan sudah kedengaran"* (1 Raja-Raja 18:41), dan naik ke puncak gunung Karmel. Ia melakukan demikian untuk menggenapi firman Allah, "Aku hendak memberi hujan ke atas muka bumi," dan menerima jawaban-Nya.

Suatu ketika di puncak gunung Karmel, Elia membungkuk

ke tanah dengan mukanya di antara kedua lututnya. Mengapa Elia berdoa seperti itu? Elia berada dalam kesedihan mendalam saat ia berdoa.

Melalui gambaran ini, kita bisa mengira betapa sungguh-sungguh Elia berseru kepada Allah dengan segenap hatinya. Kemudian, hingga ia bisa melihat jawaban Allah dengan matanya sendiri, Elia tidak berhenti berdoa. Ia menyuruh bujangnya untuk melihat ke arah laut dan hingga bujangnya melihat sebuah awan kecil sebesar telapak tangan, Elia berdoa dengan cara itu sebanyak tujuh kali, Ini lebih cukup untuk mengesankan Allah dan mengguncang tahta surgawi-Nya. Karena Elia menurunkan hujan setelah kekeringan selama tiga setengah tahun, maka dapat diperkirakan bahwa doanya sangat berkuasa.

Ketika Elia menerima jawaban Allah dengan api, ia mengakui dengan mulutnya bahwa Allah akan bekerja untuknya walaupun Allah belum berbicara tentang itu; ia melakukan hal yang sama saat ia menurunkan hujan. Saat melihat awan kecil sebesar telapak tangan, sang nabi mengirimkan pesan kepada Ahab, *"Pasang keretamu dan turunlah, jangan sampai engkau terhalang oleh hujan"* (1 Raja-Raja 18:44). Karena Elia memiliki iman dimana ia mengakui dengan mulutnya sekalipun ia belum bisa melihat (Ibrani 11:1), Allah dapat bekerja sesuai berdasarkan iman nabi itu, dan memang sesuai dengan iman Elia, dalam sekejap mata langit menjadi kelam oleh awan badai, dan turunlah hujan yang lebat (1 Raja-Raja 18:45).

Kita harus percaya bahwa Allah, yang memberikan jawaban api kepada Elia dan hujan yang telah lama dinantikan setelah kekeringan selama tiga setengah tahun, adalah Allah yang sama yang menjauhkan kita dari pencobaan dan penderitaan, memberikan kepada kita keinginan hati kita, dan memberi kita berkat-berkat-Nya yang luar biasa.

Sekarang, saya yakin Anda sudah menyadari bahwa untuk menerima jawaban Allah dengan api, memuliakan Dia, dan memenuhi keinginan hari Anda, pertama-tama Anda harus menunjukkan kepada-Nya iman yang akan berkenan kepadanya, menghancurkan dinding apa pun yang berdiri di antara Allah dan Anda, dan meminta kepada-Nya apa pun tanpa bimbang.

Kedua, Anda harus membangun mezbah di hadapan Allah, memberikan persembahan kepada-Nya, dan berdoa dengan sungguh-sungguh. Ketiga, hingga Anda menerima jawaban-Nya, Anda harus mengakui dengan mulut Anda bahwa Allah akan bekerja untuk Anda. Kemudian Allah akan sangat berkenan dan menjawab doa Anda supaya Anda memuliakan Dia dengan segenap hati Anda.

Allah kita menjawab kita saat kita berdoa kepada-Nya atas masalah-masalah yang berhubungan dengan jiwa kita, anak-anak kita, kesehatan, pekerjaan atau masalah apa pun, dan menerima kemuliaan dari kita. Marilah kita juga memiliki iman yang utuh seperti iman Elia, berdoa hingga kita menerima jawaban Allah, dan menjadi anak-anak-Nya yang diberkati, selalu memuliakan Bapa kita!

Bab 7

Bagaimana Caranya Mendapatkan Keinginan Hatimu

Bergembiralah karena Tuhan;
maka Ia akan memberikan kepadamu apa
yang diinginkan hatimu.

Mazmur 37:4

Sekarang ini ada banyak orang yang mencari jawaban dari Allah Yang Mahakuasa atas berbagai masalah. Mereka dengan tekun berdoa, berpuasa, dan berdoa sepanjang malam untuk menerima kesembuhan, untuk membangun kembali bisnis mereka yang gagal, untuk mendapatkan anak, dan untuk menerima berkat-berkat materi. Sayangnya ada lebih banyak orang yang tidak bisa menerima jawaban Allah dan memuliakan-Nya dibandingkan dengan mereka yang bisa.

Ketika dalam waktu sebulan atau dua bulan mereka tidak mendengar jawaban dari Allah mereka jadi kuatir dan berkata, "Allah itu tidak ada," sekaligus berpaling dari Allah, mulai menyembah berhala, dan dengan demikian menodai nama-Nya. Jika seseorang datang ke gereja namun tidak menerima kuasa Allah dan memuliakan-Nya, bagaimana bisa ini merupakan "iman sejati"?

Jika seseorang menyatakan sungguh-sungguh percaya kepada Allah, maka sebagai anak-Nya, ia harus bisa menerima keinginan hatinya dan memenuhi apa pun yang ia ingin wujudkan selama hidupnya di dunia ini. Tapi banyak yang gagal untuk memenuhi keinginan hatinya sekalipun mereka menyatakan percaya. Itu karena mereka tidak mengenal diri mereka sendiri. Dengan ayat bacaan yang menjadi dasar bab ini, marilah kita menyelidiki cara-cara untuk mewujudkan keinginan hati kita.

1. Pertama, Setiap Orang Harus Menyelidiki Hatinya Sendiri

Setiap individu harus memandang ke belakang dan melihat apakah mereka sungguh-sungguh percaya kepada Allah Yang Mahakuasa, atau hanya percaya dengan setengah hati seraya bimbang, atau percaya dengan hati yang picik yang hanya mencari keuntungan? Sebelum mengenal Yesus Kristus, kebanyakan orang menghabiskan waktu hidupnya dengan menyembah berhala maupun mempercayai diri mereka sendiri. Pada masa pencobaan dan penderitaan besar, setelah menyadari bahwa bencana yang mereka hadapi tidak bisa diatasi oleh kekuatan manusia atau berhala mereka, mereka bertanya-tanya tentang dunia, dan sepanjang jalan mendengar bahwa Allah bisa memecahkan masalah-masalah mereka, dan pada akhirnya datang ke hadapan-Nya.

Bukannya mengarahkan pandangan mereka kepada Allah atas kuasa, orang-orang di dunia ini melulu berpikir dalam kebimbangan, "Akankah Ia menjawabku jika aku memohon kepada-Nya?" atau "Ya, mungkin doa bisa menjawab krisis saya." Namun, Allah Yang Mahakuasa mengatur sejarah umat manusia seperti juga kehidupan manusia, kematian, kutuk, dan berkat, membangkitkan orang mati, dan menyelidiki hati manusia, jadi Ia tidak menjawab seorang individu dengan hati yang bimbang (Yakobus 1:6-8).

Jika seseorang sungguh-sungguh meminta pemenuhan keinginan hatinya, pertama-tama ia harus membuang kebimbangannya dan hati yang mencari keuntungan, dan percaya bahwa ia telah menerima semua yang ia minta kepada Allah Yang Mahakuasa di dalam doa. Hanya dengan demikian Allah atas kuasa akan menganugerahkan kasih-Nya dan mengizinkannya memenuhi keinginan hatinya.

2. Kedua, Kepastian Seseorang Akan Keselamatan dan Kondisi Imannya Harus Diperiksa

Di gereja masa kini, banyak orang percaya yang bermasalah dengan imannya. Sangat menghancurkan hati melihat sejumlah besar orang yang mengembara secara rohani, mereka yang gagal melihat, disebabkan oleh kesombongan rohani mereka, bahwa iman mereka menuju arah yang salah, dan orang-orang lain yang kurang keyakinan akan keselamatan sekalipun telah bertahun-tahun hidup di dalam Kristus dan melayani-Nya.

Roma 10:10 berkata kepada kita, *"Karena dengan hati orang percaya dan dibenarkan, dan dengan mulut orang mengaku dan diselamatkan."* Apabila Anda membuka pintu hati Anda dan menerima Yesus Kristus sebagai Juru Selamat Anda, dengan anugerah Roh Kudus yang diberikan secara cuma-cuma dari atas, Anda akan menerima kuasa sebagai anak Allah. Kemudian, apabila Anda mengaku dengan mulut bahwa Yesus Kristus adalah Juru Selamat Anda dan percaya dengan segenap hati bahwa Allah telah membangkitkan Yesus dari antara orang mati, Anda akan yakin akan keselamatan Anda.

Namun, jika Anda belum tahu dengan yakin apakah Anda sudah menerima keselamatan atau tidak, maka ada masalah dengan kondisi iman Anda. Ini karena, jika Anda kurang yakin akan Allah sebagai Bapa Anda dan bahwa Anda telah menerima kewarganegaraan surga dan menjadi anak-Nya, Anda tidak bisa hidup sesuai dengan kehendak Bapa.

Untuk alasan ini, Yesus berkata kepada kita, *"Bukan setiap orang yang berseru kepadaku, Tuhan, Tuhan, akan masuk ke dalam kerajaan surga, melainkan dia yang melakukan kehendak Bapa ku yang di surga"* (Matius 7:21). Jika hubungan "Allah Bapa-anak laki-laki (anak perempuan)" belum menjadi hubungan perorangan, maka wajar jika orang tersebut tidak menerima jawaban-Nya. Bahkan sekalipun hubungan itu sudah memiliki bentuk, bagaiman pun juga, jika ada kesalahan di hatinya dalam pandangan Allah, ia juga idak bisa menerima jawaban Allah.

Karena itu, jika Anda menjadi anak Allah yang memiliki keyakinanan akan keselamatan dan bertobat dari kehidupan yang tidak sesuai kehendak Allah, Ia mengatasi setiap masalah Anda termasuk penyakit, kegagalan bisnis, dan masalah keuangan, dan dalam segala hal Ia bekerja membawa kebaikan bagi Anda.

Jika Anda mencari Allah atas masalah yang Anda miliki dengan anak Anda, dengan firman kebenaran Allah akan menolong Anda memecahkan masalah-masalah yang ada antara Anda dan anak Anda. Kadangkala, anak-anak disalahkan;

namun seringkali, orangtualah yang bertanggungjawab atas kesulitan dengan anak mereka. Sebelum mulai menunjuk jari, jika orangtua itu sendiri berbalik dari jalan-jalan mereka yang salah dan bertobat, berusaha untuk membesarkan anak-anak mereka dengan benar, dan menyerahkan semuanya kepada Allah, Ia memberikan hikmat kepada mereka dan bekerja untuk membawa kebaikan bagi kedua orangtua dan anak-anak mereka.

Karena itu, jika Anda datang ke gereja dan meminta jawaban atas masalah-masalah dengan anak-anak Anda, penyakit, keuangan, dan lain sebagainya, bukannya buru-buru berpuasa, berdoa, dan terjaga sepanjang malam dalam doa, pertama-tama Anda harus mencari tahu apa yang menyumbat saluran antara Anda dengan Allah, bertobat, dan berdoa sepanjang jalan Anda berbalik dari jalan-jalan Anda yang bercacat. Maka Allah akan bekerja untuk kebaikan Anda seiring Anda menerima tuntunan Roh Kudus. Jika Anda bahkan tidak berusaha untuk mengerti, mendengarkan firman, atau menghidupinya, doa Anda tidak akan membawa Anda pada jawaban Allah.

Karena ada banyak kejadian dimana orang-orang gagal untuk berpegang sepenuhnya pada kebenaran dan gagal menerima jawaban dan berkat Allah, semua kita harus memenuhi keinginan hati kita dengan menjadi yakin akan keselamatan kita dan hidup menurut kehendak Allah (Ulangan 28:1-14).

3. Ketiga, Anda Harus Menyenangkan Allah Dengan Perbuatan Anda

Jika seseorang mengakui Allah sang Pencipta dan menerima Yesus Kristus sebagai Juru Selamatnya, seiring ia mempelajari kebenaran dan menerima pencerahan, jiwanya akan baik-baik saja. Sebagai tambahan, saat ia meneruskan untuk menemukan hati Allah, ia bisa menjalani hidupnya dalam cara yang berkenan kepada-Nya. Sementara balita berumur dua atau tiga tahun tidak tahu bagaimana menyenangkan orangtuanya, pada masa remaja dan pada masa dewasa mereka belajar untuk menyenangkan mereka. Begitu pula, semakin anak-anak Allah mengerti dan hidup menurut kebenaran, mereka akan semakin berkenan kepada Bapa mereka.

Lagi-lagi, Alkitab mengatakan kepada kita bagaimana cara para bapa leluhur kita menerima jawaban atas doa mereka dengan menyenangkan hati Allah. Bagaimana Abraham dikenan Allah?

Abraham selalu mencari dan hidup dalam perdamaian dan kekudusan (Kejadian 13:9), melayani Allah dengan segenap tubuh, hati, dan pikiran (Kejadian 18:1-10), dan sepenuhnya menaati-Nya tanpa melibatkan pikirannya sendiri (Ibrani 11:19; Kejadian 22:12), karena ia percaya bahwa Allah bisa membangkitkan orang mati. Sebagai hasilnya, Abraham menerima berkat Jehovahjireh atau "TUHAN Akan Menyediakan," berkat kelahiran anak, berkat keuangan, berkat kesehatan yang baik, dan lain sebagainya, dan berkat dalam segala hal (Kejadian 22:16-18, 24:1).

Apa yang dilakukan Nuh untuk menerima berkat Allah? Ia benar, tidak bercela di antara orang sezamannya, dan hidup bergaul dengan Allah (Kejadian 6:9). Ketika penghakiman air menenggelamkan seluruh dunia, hanya Nuh dan keluarga-Nya yang bisa menghindari penghakiman dan menerima keselamatan. Karena Nuh bergaul dengan Allah, ia bisa mendengar suara Allah dan mempersiapkan sebuah bahtera dan bahkan memimpin keluarganya menuju keselamatan.

Ketika janda di Sarfat dalam 1 Raja-Raja 17:8-16 menanam benih iman dalam abdi Allah Elia sepanjang tiga setengah tahun kekeringan di Israel, ia menerima berkat-berkat yang luar biasa. Saai ia taat dalam iman dan melayani Elia dengan roti hanya dari segenggam tepung dalam tempayan dan sedikit minyak dalam buli-buli, Allah memberkatinya dan memastikan perkataan nubuatan-Nya dengan mengatakan bahwa *"Tepung dalam tempayan itu tidak akan habis dan minyak dalam buli-buli itu pun tidak akan berkurang sampai pada waktu TUHAN memberi hujan ke atas muka bumi"* (ayat 14).

Karena perempuan Sunem dalam 2 Raja-Raja 4:8-17 melayani dan memperlakukan hamba Allah Elisa dengan penghargaan dan penghormatan tertinggi, ia menerima berkat kelahiran seorang anak. Perempuan itu melayani hamba Allah buka karena ia menginginkan imbalan melainkan karena ia sungguh-sungguh mengasihi Allah dari hatinya. Bukankah masuk akal bagi perempuan ini untuk menerima berkat Allah?

Juga mudah sekali untuk mengatakan bahwa Allah pasti berkenan sepenuhnya atas iman Daniel dan ketiga temannya. Walaupun Daniel dilemparkan ke kandang singa karena berdoa kepada Allah, ia berjalan keluar dari kandang singa tanpa ada luka karena ia mempercayai Allah (Daniel 6:16-23). Walaupun Daniel dan ketiga temannya dibelenggu dan dilemparkan ke perapian yang menyala-nyala karena tidak menyembah berhala, mereka memuliakan Allah saat berjalan keluar dari perapian yang menyala-nyala tanpa ada bagian tubuh yang terbakar atau bahkan hangus (Daniel 3:19-26).

Perwira di Matius 8 bisa berkenan kepada Allah dengan imannya yang besar dan sesuai dengan imannya, menerima jawaban Allah. Ketika ia berkata kepada Yesus bahwa hambanya lumpuh dan sangat menderita, Yesus menawarkan untuk mengunjungi rumah perwira itu dan menyembuhkan hambanya. Namun, perwira itu berkata kepada Yesus, *"Katakan saja sepatah kata, maka hambaku itu akan sembuh,"* dan menunjukkan imannya yang besar dan kasihnya yang besar akan hambanya (ayat 8), Yesus memuji dia, *"Sesungguhnya iman sebesar ini tidak pernah Aku jumpai pada seorangpun di antara orang Israel"* (ayat 10). Karena seseorang menerima jawaban Allah sesuai dengan imannya, hamba perwira itu sembuh saat itu juga. Haleluya!

Masih ada lagi. Dalam Markus 5:25-34 kita melihat iman seorang wanita yang telah menderita pendarahan selama dua belas tahun. Walaupun telah dirawat oleh banyak dokter dan mengeluarkan banyak uang, keadaannya semakin memburuk. Ketika ia mendengar berita tentang Yesus, wanita itu percaya bahwa ia bisa disembuhkan hanya dengan menjamah jubah-Nya. Saat ia muncul di belakang Yesus dan menyentuh jubah-Nya, wanita itu sembuh seketika.

Hati seperti apa yang dimiliki oleh perwira bernama Kornelius dalam Kisah Para Rasul 10:1-8 dan dengan cara apa ia, yang adalah seorang yang tidak mengenal Allah, melayani Allah hingga semua keluarganya menerima keselamatan? Kita tahu bahwa Kornelius dan seluruh keluarganya tulus dan takut akan Allah; dan ia dengan murah hati memberi kepada orang-orang yang membutuhkan dan ia berdoa kepada Allah dengan rutin. Karena itu, doa Kornelius dan pemberiannya kepada orang miskin telah menjadi persembahan tanda peringatan di hadapan Allah dan saat Petrus mengunjungi rumah-Nya untuk menyembah Allah, semua orang di keluarga Kornelius menerima Roh Kudus dan mulai berbicara dalam bahasa-bahasa asing.

Dalam Kisah Para Rasul 9:36-42 kita menemukan bahwa seorang perempuan bernama Tabita (yang, bila diterjemahkan, adalah Dorkas) yang selalu berbuat baik dan menolong orang miskin, jatuh sakit dan mati. Ketika Petrus datang atas desakan murid-murid, berlutut dan berdoa, Tabita kembali hidup.

Saat anak-anak-Nya menjalankan tugasnya dan berkenan kepada Allah, Allah yang hidup memenuhi keinginan hati mereka dan dalam segala hal bekerja untuk kebaikan mereka. Apabila kita bisa sungguh-sungguh mempercayai fakta ini, sepanjang hidup kita akan menerima jawaban Allah.

Melalui konsultasi dan dialog dari waktu ke waktu, saya mendengar tentang orang-orang yang dulu memiliki iman yang besar, melayani gereja dengan baik, dan setia, tapi meninggalkan Allah setelah sebuah periode pencobaan dan penderitaan. Setiap kali, saya merasa hancur hati akan ketidakmampuan orang-orang untuk membuat pembedaan rohani.

Jika orang memiliki iman yang sejati, mereka tidak akan meninggalkan Allah sekalipun ada pencobaan yang mendatangi mereka. Jika mereka memiliki iman rohani, mereka akan bersukacita, bersyukur, dan berdoa sekalipun di masa-masa pencobaan dan penderitaan. Mereka tidak akan mengkhianati Allah, dicobai, atau kehilangan pijakan di dalam Dia. Kadang-kadang orang bisa setia dalam pengharapan menerima berkat atau agar diakui oleh orang lain. Tapi doa iman dan doa yang penuh pengharapan akan keuntungan bisa dengan mudah dibedakan dari masing-masing hasilnya. Jika seseorang berdoa dengan doa iman, doanya pasti akan disertai oleh perbuatan yang berkenan kepada Allah, dan ia akan memberikan kemuliaan yang besar kepada Allah dengan memenuhi keinginan hatinya satu demi satu.

Dengan Alkitab sebagai tuntunan kita, kita telah menyelidiki bagaimana bapa leluhur iman kita menunjukkan iman mereka kepada Allah dan dengan iman seperti apa mereka bisa berkenan kepada Allah dan memenuhi keinginan hati mereka. Karena Allah memberkati, seperti yang telah dijanjikan, semua orang yang berkenan kepada-Nya, sama seperti Tabita yang hidup kembali berkenan kepada-Nya, sama seperti perempuan Sunem yang tidak memiliki anak berkenan kepada-Nya, dan sama seperti wanita yang disembuhkan dari pendarahan selama dua belas tahun berkenan kepada-Nya – marilah kita percaya dan mengarahkan pandangan kita kepada-Nya.

Yesus berkata kepada kita, *"Jika Engkau dapat? Tidak ada yang mustahil bagi orang yang percaya"* (Markus 9:23). Apabila kita percaya bahwa Ia bisa mengakhiri semua masalah kita, sepenuhnya menyerahkan semua masalah megenai iman kita, sakit-penyakit, anak-anak, keuangan dan bergantung kepada-Nya, Ia pasti akan menangani semuanya bagi kita (Mazmur 37:5).

Dengan berkenan kepada Allah yang tidak berdusta melakukan apa yang telah dikatakan-Nya, semoga setiap Anda memenuhi keinginan hati Anda, memberikan kemuliaan yang besar bagi Allah dan menjalani kehidupan yang diberkati, di dalam nama Yesus Kristus saya berdoa!

Penulis:
Dr. Jaerock Lee

Dr. Jaerock Lee dilahirkan di Muan, Propinsi Jeonnam, Republik Korea, pada tahun 1943. Pada umur dua puluhan, Dr. Lee menderita berbagai penyakit yang tidak tersembuhkan selama tujuh tahun dan menunggu kematian tanpa ada harapan untuk pulih. Pada suatu hari di musim semi tahun 1974, ia dibawa ke gereja oleh saudara perempuannya dan saat ia berlutut untuk berdoa, Allah yang Hidup menyembuhkannya dari semua penyakit.

Mulai saat itu Dr. Lee bertemu dengan Allah yang Hidup melalui pengalaman yang menakjubkan itu, ia telah mengasihi Allah dengan segenap hati dan keikhlasan, dan pada tahun 1978 ia dipanggil untuk menjadi pelayan Allah. Ia berdoa dengan sangat tekun dengan doa puasa sehingga ia dapat memahami kehendak Allah dan melakukan sepenuhnya, dan menaati semua Firman Allah. Pada tahun 1982, ia mendirikan Gereja Pusat Manmin di Seoul, Korea, dan tidak terhitung banyaknya pekerjaan Allah, termasuk penyembuhan mukjizat dan keajaiban, telah terjadi di gerejanya.

Pada tahun 1986, Dr. Lee ditahbiskan sebagai pendeta pada Pertemuan Tahunan dari Gereja Sungkyul Yesus di Korea, dan empat tahun kemudian yaitu pada tahun 1990, khotbahnya mulai disiarkan ke Australia, Rusia, Filipina, dan banyak negara lain melalui Far East Broadcasting Company, Asia Broadcast Station, dan Washington Christian Radio System.

Tiga tahun kemudian yaitu pada tahun 1993, Gereja Pusat Manmin dipilih sebagai satu dari "50 Gereja Terkemuka Dunia" oleh majalah *Christian World* (AS) dan ia menerima Doktor Kehormatan Teologia dari Christian Faith College, Florida, AS, dan pada tahun 1996 sebuah gelar Ph.D dalam Pelayanan dari Kingsway Theological Seminary, Iowa, AS.

Sejak tahun 1993, Dr. Lee telah memimpin misi dunia melalui banyak Kebaktian Kebangunan Rohani (KKR) luar negeri di Tanzania, Argentina, L.A., Baltimore City, Hawaii, dan New York di Amerika Serikat, Uganda, Jepang, Pakistan, Kenya, Filipina, Honduras, India, Rusia, Jerman, Peru, Republik Demokrasi Kongo, Israel dan Estonia.

Pada tahun 2002, ia disebut "pembangun rohani seluruh dunia" oleh koran-koran Kristen utama di Korea untuk pekerjaannya dalam berbagai KKR di luar negeri. Khususnya, "KKR New York tahun 2006" yang dia adakan di Madison Square Garden, arena yang sangat terkenal di dunia, disiarkan ke 220 negara, dan juga "KKR Israel Bersatu tahun 2009" yang diadakan di International Convention Center di Yerusalem di mana dia dengan tegas memproklamirkan bahwa Yesus Kristus adalah Mesias dan Juru Selamat. Kotbahnya disiarkan ke 176 negara via satelit termasuk GCN TV dan dia dimasukkan dalam daftar Top 10 Pemimpin Kristen Paling Berpengaruh pada tahun 2009 dan 2010 oleh majalah populer Rusia *In Victory* dan agensi *Christian Telegraph* karena pelayanan siaran TV dan pelayanan penggembalaan gereja luar negerinya yang berkuasa.

Pada bulan September, 2017, Gereja Manmin Pusat memiliki kongregasi dengan jumlah jemaat lebih dari 130.000 orang. Ada 11.000 gereja cabang di seluruh dunia termasuk 56 cabang gereja domestik, dan sejauh ini telah mengirimkan lebih dari 98 misionaris ke 26 negara, termasuk Amerika Serikat, Rusia, Jerman, Kanada, Jepang, Cina, Perancis, India, Kenya, dan banyak lagi.

Hingga tanggal penerbitan buku ini, Dr. Lee telah menulis 109 buku, termasuk bestseller *Merasakan Kehidupan Kekal Sebelum Kematian, Hidupku Imanku I & II, Pesan Salib, Ukuran Iman, Sorga I & II, Neraka,* dan *Kuasa Allah.* Tulisan-tulisannya telah diterjemahkan ke dalam lebih dari 76 bahasa.

Kolom-kolom Kristennya muncul pada *The Hankook Ilbo, The JoongAng Daily, The Chosun Ilbo, The Dong-A Ilbo, The Seoul Shinmun, The Kyunghyang Shinmun, The Korea Economic Daily, The Shisa News,* dan *The Christian Press.*

Saat ini Dr. Lee adalah pemimpin dari banyak organisasi dan asosiasi misi termasuk: Termasuk Ketua dari The United Holiness Church of Jesus Christ, Persiden Tetap dari The World Christianity Revival Mission Association; Pendiri dan Ketua Dewan dari Global Christian Network (GCN), Pendiri dan Ketua Dewan dari The World Christian Doctors Network (WCDN), serta Pendiri dan Ketua Dewan dari Manmin International Seminary (MIS).

Buku-buku penuh kuasa lainnya dari penulis yang sama

Sorga I & II

Sketsa mendetil tentang indahnya lingkungan hidup yang dinikmati oleh warga sorga pada tingkat kelima kerajaan sorga.

Pesan Salib

Pesan kebangunan penuh kuasa bagi semua orang yang tertidur secara rohani Di dalam buku ini Anda akan menemukan kasih sejati Allah dan mengapa Yesus menjadi satu-satunya Juru Selamat.

Neraka

Sebuah pesan yang sungguh-sungguh kepada seluruh umat manusia dari Allah yang tidak ingin satu jiwa pun jatuh ke kedalaman neraka! Anda akan menemukan penjelasan yang belum pernah terungkap sebelumnya mengenai kenyataan kejam tentang Hades dan neraka.

Roh, Jiwa, dan Tubuh I & II

Sebuah buku panduan yang memberi kita pengertian rohani tentang roh, jiwa, dan tubuh dan membantu kita mencaritahu 'diri' seperti apa yang telah kita buat supaya kita dapat memperoleh kuasa untuk mengalahkan kegelapan dan menjadi manusia rohani.

Ukuran Iman

Tempat tinggal seperti apakah, serta mahkota dan upah yang bagaimana yang disediakan bagi Anda di surga? Buku ini memberikan dengan hikmat dan bimbingan bagi Anda untuk mengukur iman Anda dan menanam iman yang terbaik dan paling dewasa.

Bangunlah, Israel!

Mengapa Allah menujukan mata-Nya kepada Israel mulai sejak permulaan dunia sampai hari ini? Apa saja jenis pemeliharaan-Nya yang telah disiapkan untuk Israel di hari-hari terakhir tersebut, yang menantikan akan Mesias?

Hidupku, Imanku I & II

Sebuah aroma spriritual yang menarik dari kehidupan yang mekar dengan kasih tak ada bandingannya kepada Allah, di tengah-tengah gelombang kegelapan, kuk yang dingin dan keputusasaan yang terdalam.

Kuasa Allah

Sebuah bacaan wajib yang menjadi panduan penting tentang bagaimana seseorang dapat memiliki iman sejati dan mengalami kuasa Allah yang ajaib.

www.urimbooks.com